ルーマニア王妃マリー

和田郁夫

未知谷

序

ネットでルーマニアの調べ物をしていたら、本書の主人公マリーとの出会いのきっかけを作ってくれたニコ（本名はニコラエ・パドゥラール＝Nicolae Paduraru）が二〇〇九年にガンで亡くなった記事を見つけ衝撃を受けた。壮絶な闘病生活だったらしい。享年七十二だった。彼とはしばらく音信不通になっていた。ニコは長寿を全うするものと勝手に思い込んでいた。彼が「不死の」吸血鬼ドラキュラ研究のルーマニアの第一人者だったからかも知れない。国際ドラキュラ協会の同国支部長で研究の本場イギリスに招かれたこともある。

ニコとの初めての出会いは一九八九年十一月。三〇年以上前のことだ。当時、私はＮＨＫの国際ニュースの取材指揮をする立場にあり、東京を離れることが出来なかった。だが、東欧に民主化の嵐が吹き荒れる中、記者として居ても立ってもいられなくなった。たまたま、それまで数年、外国人記者の入国を許さなかったルーマニアが共産党大会の取材を許可するとの話があり、私は在日ルーマニア大使館に取材申請して許可された。ルーマニアに詳しいわけでも、担当していたわけでもなかった。国民は貧困のどん底に置かれながら、民主化の動きが全く見えないベールに包まれた「不思議の国」をこの眼で見てみたかった。まずは通訳の手配。と、言っても手がかりが無い。在日のルーマニア大使館に英語の出来る通訳の紹介をお願いした。それがニコとの出会いにつながった。

当時は、まだ女子体操で一世を風靡したコマネチを生んだ国、あのドラキュラ伝説の地というキーワード以外、日本人には縁のない国だった。社会主義国ながら七〇年代まで親米路線を取るなど独自で柔軟な姿勢を見せる一方で、国内では工業化政策を推し進めるため、農民を農村から強制移住させて工業団地を造成するなど非人道的な施策を行う外柔内剛の国だった。国際社会から非難されるや、鎖国に等しい政策を取り、西側メディアの取材をことごとく拒否していた。私は数年ぶりにルーマニアに入るＮＨＫの記者になった。

ルーマニアの首都ブカレストに着いた翌日、通訳から電話があり、すぐ面談した。大使館からの推薦であり、電話のタイミングと言い、明らかに秘密警察がらみの人物だろうという警戒感があった。出てきたのは牛乳瓶の底のようなメガネを掛けた初老の男。それがニコだった。人の良さそうな風貌の裏には怜悧なスパイ活動があるのだろうと疑った。少なくとも私の行動を秘密警察に報告することは彼の義務だった筈だ。

「普段は何をしているのですか?」

「観光ガイドである。ニコと呼んでくれ」

疑念の一方、この人に政治向きの通訳が出来るのだろうかという不安も脳裏をよぎる。英語力は超一流、母国語同様。これがニコとの初めての出会いだった。お互いに、間合いを計るような会話は一日と続かなかった。ニコも私に気を許してくれたのだろう。ニコは、ルーマニアの最高学府ブカレスト大学の英文科を首席で卒業し、大学に残れば教授間違いなしの人材だったが、独裁者チャウシェスクを嫌って公職に就くのを好まず、自ら進んで観光ガイドになったと言う。「僕はルーマニア・ナンバーワンの観光ガイド」が口癖だった。ニコは、通訳ばかりではなく、政治分析も超一流で、懸念は杞憂に終わった。これまで付き合ったリサーチャーの中でも最も優れた部類だった。チャウシェスク路線讃美の共産党大会のテレビ中継にシニカルな視線を投げかけていた印象がある。ルーマニアの知識人には、世をすねたような人物が多い。ある日、首都ブカレストの道を歩いていたら、品が良く思慮深い印象の初老の男の通行人が、「どこから来たの？」と声をかけてきた。「日本から共産党大会の取材に来た」と答える。こうした会話自体、警察国家のルーマニアでは異例のことだ。町中、秘密警察官の監視の目が光る中、外国人と会話しているだけで、スパイの嫌疑がかけられてしまうことがある。日本の近況などについてしばしば会話を交わし、「英語がお上手だけど、留学していたのですか？」と聞くと、「外国に行ったことは一度もない。夜は、

ニコ

ずっと短波放送で外国の放送を聞くのが楽しみで、いつの間にか英語が喋れるようになってしまった」という。ルーマニアのインテリはプロパガンダばかりのルーマニアの放送を好まず、外国とりわけBBCの短波放送を聞いたり、自分の関心領域の研究をしたりするのが生き甲斐になっているのだ。ニコ自身も、英国に本部があるドラキュラ協会ルーマニア支部の会長であり、その洒脱さには、いつも脱帽させられた。海外取材では、取材が予定通り進まないのが常で、記者は始終苛立っているものだが、そうした私を見るたびに、ニコは子どもをあやすような表情で、「まあまあ、そう焦らないで」とウィンクした。またルーマニア語で「有難う」を意味する「ムルツメスク」などいくつかのフレーズを覚え、人と会うたびに連発していたら、「君のルーマニア語の発音は上手過ぎて、ルーマニア語使いだと警戒されるので使わない方が良い」との意外なアドバイスを貰ったこともある。

ルーマニア滞在中、ブカレストに次ぐ第二の都市ブラショフで暴動が起きたという噂が流れた。直線でブカレストの北八〇キロ、車で行って確認しようということになり、レンタカーを借りた。車はルーマニアでノックダウン生産されたイタリア・フィアットの小型車である。ルーマニアにはラーダ社のダキアという国産車があるが、ダキアよりも小さいが信頼できるフィアットを借りることになった。ちなみに、ダキアとはローマ人がルーマニアを征服する前の原住民の呼称である。一般にはルーマニア人は、ダキア人とローマ人の混血と言われている。ルーマニア人はイタリア人と会話ができる。ルーマニア語とイタリア語の単語の六〇％は共通だからだ。

私がドライバー、助手席はニコ、後部座席にはプロデューサーとカメラマン、ブラショフに向かった。道はところどころ舗装がはがれ、凍結している。高速道路はなく、片道二百キロ足らず、四時間ほどの道のりだったと思う。冬の厚い雪雲が垂れ込める中、遮るものが無い淡々と広がる農地を両側に見ながらひたすら走り続けた。ブラショフ市内に入った。中世から、東西の交易路にあって商業都市として栄えたが、当時は、製造業の拠点として人口三十万人、大気汚染で街全体に黒ずんだ陰鬱なムードが漂っていた。暴動の気配は微塵も無い。こうした噂が出ること自体、国民に不満が蓄積されている証しでもある。ブラショフを見渡す山道に差し掛かったところで、ニコが車を止めろという。指さす方向に黒い建物が見える。有名な「黒い教会」である。ニコによると、ハプスブルクのオーストリア帝国に攻められた時、周辺の建物が焼かれ、白亜の教会が燻されて黒くなったという。ニコの説明はさすがルーマニア第一のツアーガイドだけあって、引き込まれてしまう。「ここまで来たのだからドラキュラのブラン城まで行こう」というニコの薦めもあって、そのまま南西に車を三十分ほど走らせた。ブラショフから離れるに従って、さらに鄙びた風景が広がる。

ブラン城に着く頃には、日はとっぷり暮れてしまった。当時は国際観光とは無縁だったので街路灯もなく、ブラン城も夜の帳の中で、かすかにシルエットでそれとわかるたたずまいだった。暗闇が一層、気味の悪さを醸し出していた。ドラキュラ公は虚構の人物だが、一五世紀のヴラド公がモデルと言われている。ヴラド公は「串刺し」公とも呼ばれ、オスマン帝国の侵略に対し、捕らえたトルコ兵を樹木で口から尻まで串刺しにして、ブラン城の城外に無数に立てたという。ドラキュラ＝悪魔の子と呼ばれたらしい。しかし、そもそもドラキュラ伝説はルーマニアにはなく、アイルランド作家のブラム・ストーカーがヴラドとその別名ドラキュラを知り、イメージを膨らました創作である。ニコはストーカーの小説の研究者であり、ブラン城を「ドラキュラ伝説」の地に仕立て上げた功労者である。

ニコはブラン城がルーマニアの王妃マリー（一八七五〜一九三八）の夏の離宮であったことも教えてくれた。もちろん初めて聞く名前である。大英帝国ヴィクトリア女王の孫娘として生まれたマリーはルーマニアの王位継承者に嫁ぐが、結婚生活は必ずしも幸せではなかった。彼女は名門の血筋と美貌で、結婚後もヨーロッパ王族の王子たちを魅了しただけでなく、数々の恋愛スキャンダルにまみれた。そのマリーが自らの意思で、死後、心臓をくりぬいてブラン城に安置してほしいと遺言していたのだ。こんな話をニコから得々と聞かされながら、つかの間、このブラン城も多感なマリーの婚外の愛の舞台だったのかというロマンティックな感慨に浸った。

私はルーマニア共産党大会が終わった後、民主化の動きが急迫していたチェコスロバキアに移動した。チャウシェスク独裁が倒れ、ルーマニアは一挙に民主化に向かった。ニコは民主勢力の記者会見の英語通訳などで忙しく、何度か出張したが、会うことはできなかった。

ただ民主化後に続いた政治の混乱に嫌気がさしたに違いないのだが、風の便りに、ニコは元のツアーガイドに戻って、トランシルバニアのドラキュラ協会を立ち上げたらしいと聞いた。私自身も、別の業務が忙しくなり、ニコとの関係は切れた形になってしまった。ただ、ソビエトの崩壊、ユーゴスラビア紛争、湾岸戦争の取材と指揮で煮詰まると、「まあまあ、そう焦らないで」とウィンクするニコを思い出した。

ニコを思い出すたびに脳裏に去来したのは、マリーのことだった。帰国して調べようとしたが、日本には一切紹介されていなかった。唯一頼りになったのはニコから聞いていたアメリカの歴史作家ハナ・プアラが著したマリーの伝記「The Last Romantic」だった。今は電子通販で、どのような書物も手に入るが、インターネットもない時代のことだ。神田の洋書店に探してもらったが、絶版とのこと、探索を半ば放棄していた。そんな中、アメリカ総局の記者仲間に入手を依頼したところ、何と総局のアシスタントが作家プアラの姪だったのだ。手に入れた伝記を読んで驚いた。ヴィクトリア女王の孫娘の単なる恋愛物語では無く、第一次世界大戦前後のヨーロッパ政治の舞台で、国家消滅の危機を救っただけでなく、今の大ルーマニアを作り上げる大活躍をしたことが分かった。いつか、日本に紹介する意義はあるだろうと思った。私は一〇年ほど前に定年を迎え、ようやく本書に取り掛かる機会が巡ってきた。ニコがいなければ、マリーと巡り会うこともなかった。本書の著作へと導いてくれたのはニコにほかならない。今は亡きニコに謹んで本書を捧げたい。

第一次大戦前のルーマニア

パリ講和会議後の大ルーマニア

目次

《英王室系図》

アルバート　1819-1861
ザクセン・コーブルク・ゴータ公
（祖父）

ヴィクトリア女王　1819-1901
英女王（祖母）

- このほか5人の子供
- アルフレッド　1844-1900
  英エディンバラ公
  露皇帝の長女と結婚
  のちザクソン・コーブルク・ゴーダ公
  マリーの父親
  - ベアトリス（ベビー・ビー）　1883-1966
  - アレクサンドラ・ヴィクトリア（サンドラ）　1878-1942
    独ホーエンローエ・ランゲンブルク公と結婚
  - ヴィクトリア・メリタ（ダッキー）　1876-1936
    マリー最愛の妹
    独ヘス大公と結婚するも離婚
    露キリル大公と再婚
  - マリー（ミッシー）　1875-1938
    本書の主人公
    ルーマニアのフェルディナンド皇太子と結婚
    後の王妃
  - アルフレッド　1874-1899
    父からゴーダ公継ぐ予定も24歳で早逝
- アリス　1843-1878
  独ヘスのルイ大公と結婚
  長男、マリーの妹と結婚
  末娘は露ニコラス二世と結婚
- エドワード（バーティー）　1841-1819
  後の英エドワード七世国王
  デンマークのアレクサンドラと結婚
  アレックスおばさん
  次男ジョージ、マリーにプロポーズ
- ヴィクトリア（ヴィッキー）　1840-1901
  独フリードリッヒ皇太子と結婚
  独皇后

《ロシア王室系図》

マリー　1824-1880
独ヘス皇女（祖母）

アレクサンドル二世　1818-1888
露皇帝（祖父）

- パウロ　1860-1919
- セルゲイ　1857-1905
  ヘスのエリザベスと結婚
- マリー　1853-1920
  マリーの母親
  英エディンバラ公と結婚
- アレクシス　1850-1908
- ウラジミール　1847-1909
  長男キリル大公はマリーの妹ダッキーと結婚
  次男はマリーに慕情
- アレクサンドル　1845-1894（サーシャ）
  後のアレクサンドル三世皇帝
  ニコライ二世の父親

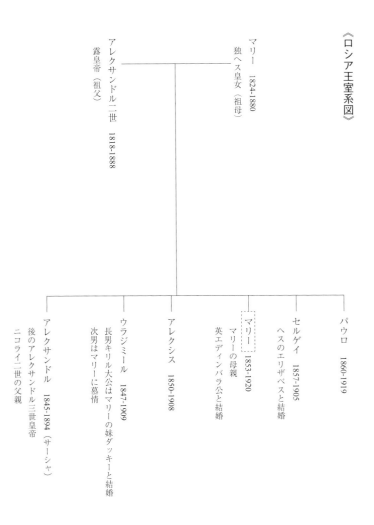

《ルーマニア王室系図》

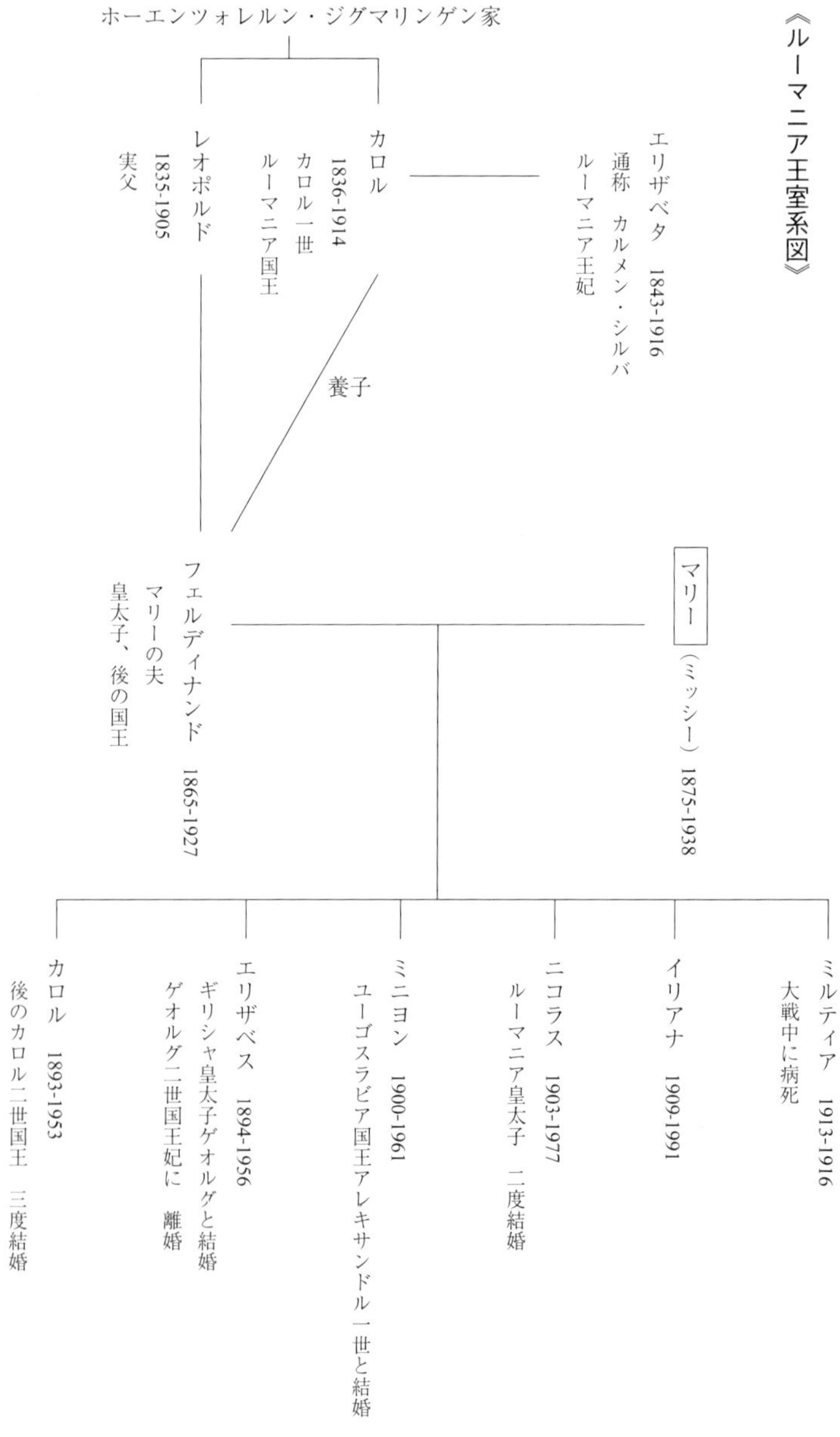
ホーエンツォレルン・ジグマリンゲン家
エリザベタ　1843-1916
通称　カルメン・シルバ
ルーマニア王妃
カロル
1836-1914
カロル一世
ルーマニア国王
レオポルド
1835-1905
実父
養子
マリー
（ミッシー）1875-1938
フェルディナンド　1865-1927
マリーの夫
皇太子、後の国王
ミルティア　1913-1916
大戦中に病死
イリアナ　1909-1991
ニコラス　1903-1977
ルーマニア皇太子　二度結婚
ミニヨン　1900-1961
ユーゴスラビア国王アレキサンドル一世と結婚
エリザベス　1894-1956
ギリシャ皇太子ゲオルグと結婚
ゲオルグ二世国王妃に　離婚
カロル　1893-1953
後のカロル二世国王　三度結婚

ルーマニア王妃マリー

第一部　おとぎ話の王女

第1章　幼年期

マリーの誕生

この物語は、大英帝国がヴィクトリア女王の統治のもと世界最強の国として絶頂期を迎えた時代を出発点にしている。主人公は当時の二大強国、英露両帝国の王室直系として、父方の祖母はヴィクトリア女王、母方の祖父はロシアのアレクサンドル二世皇帝という名門中の名門の王族に生まれた王女だった。

エディンバラ公妃殿下に置かれましては本日一〇時半、無事王女をご出産され、母子ともに健やか。

一八七五年十月二十九日、大英帝国ケントのイーストウェル・パークの城から、ロンドン・タイムズへ事務的電報が打たれた。そこにはエディンバラ公アルフレッドとマリー・アレクサンドロブナ大公妃との間の長女の誕生に立ち会った三人の医師が名を連ねていた。本書のヒロインの誕生である。イーストウェル・パークはロンドンの南東およそ一〇〇キロのケント州アシュフォードののどかな田園地帯にある。一六世紀に貴族の別荘が建てられ、主が変わり一九世紀にヴィクトリア様式の館が築かれた。この館の主がヴィクトリア女王の次男エディンバラ公だった。

ロンドン・タイムズとは今のザ・タイムズ、一七八五年にロンドンで創刊された代表的な保守系の日刊新聞。産業革命による情報の大衆化で、一九世紀初めにはロンドンで五〇を超える新聞が発行されていた。中でもロンドン・タイムズ紙は戦争のたびに政府の発表より早く戦場から直接、戦況を伝えるなど、次第に力を蓄え、一〇万近い発行部数を誇っていた。

マリーの父親エディンバラ公アルフレッドは、ヴィクトリア女王と夫の独ザクセン・コーブルク・ゴータ公国の出身アルバート公との間に生まれた二男である。母親はロシア皇帝アレクサンドル二世のひとり娘、マリー・アレクサンドロブナだった。

ヴィクトリア女王はマリー誕生時には、十八歳の戴冠から三八年、さらに一九〇一年に死去するまで王位につくが、在位期間はイギリスが政治的にも経済的にも揺るぎなく繁栄するパクス・ブリタニカの時代とされる。イギリスでは立憲王政が実現してしばし経ち、国王は「君臨すれど統治せず」の原則が確立していたが、女王は積極的に政治に関わった。

王女はマリー・アレクサンドラ・ヴィクトリアと名付けられた。母親は最初の子が男の子だったため、マリーの誕生を大層喜んで、自分の母親の名前マリーをファーストネームに付けた。彼女はロシアの母親のことを心から愛し、敬っていたのでマリーもそうした娘であってほしいと願った。マリーの名がファーストネームに位置づけられたからと言って、実生活の上で何か変わったわけではない。ただ、ヴィクトリア女王は喜ばなかった。ファーストネームがマリーで、自分の名前が最初ではなくサードネームだったからだ。マリー自身は物心がついた後も、自分の名前が大好きだった。どこか永遠の響きがあり、マリーつまりマリアはキリストの母親の名前でもあったからだ。英王室の家族はヴィクトリア女王以外、お互いニックネームで呼びあっていた。マリーはミッシーと呼ばれた。

当時の大英帝国を統治していたのはヴィクトリア女王をはじめ、ドイツからやってきたハノーヴァー家の家系だった。イギリスではステュアート朝のアン女王が十数人の子を産みながら全員が早世して途絶えたため、ステュアート家の遠縁にあたるドイツのハノーヴァー家から王を迎え、一七一四年、ハノーヴァー朝が始まる。ヴィクトリア女王はハノーヴァー朝六代目の国王だが、夫をザクセン・コーブルク・ゴータ公国から迎え、まさにドイツ系の王朝だった。二人の日常会話はドイツ語だったという。このため二人の間に生まれたマリーの父親はザクセン・コーブルク・ゴータ公国の直系ということになり、やがて公位を継承することになる。

マリーは一八七五年十二月十五日、ウィンザー城の聖ジョージ教会で洗礼を受けた。英国国教会の洗礼を受けることはロシア正教の敬虔な信者であった母親も結婚前に了承していた。

子ども時代

後にマリーには三人の妹ができた。次女ヴィクトリア・メリタ、通称ダッキーは一八七六年に地中海の島マルタで生まれた。三女アレクサンドラ・ヴィクトリア、通称サンドラは二年後にコーブルクで生まれた。最後にベアトリス、通称ベビー・ビーがマリーと同じイーストウェルで一八八三年に生まれたが、ベビー・ビーは末っ子として家族の中で皆から大事にされ、その羨ましい立場を守る術を生まれながらに心得ていた。

マリーら兄弟姉妹五人は、母親に献身的に育てられた。母親は大きな存在だった。物事を決め、お休みのキスをし、散歩に連れて行ってくれたり、子どもたちがなすべきこと、してはならないことを命じたりした。母親は子どもたちを心から愛していた。彼女の全生活は子どもたちに捧げられた。教育には信念があった。決して親子の関係を崩さず、友達のように振る舞うことはなかった。いつもはっきりと親の立場を守った。彼女は愛情の象徴だった一方で、権威の象徴だった。家事全てを取り仕切り、統治権を握り、善悪を支配する力を持っているかのように見えた。厳格さと騒々しい自由が入り混じった不思議な育て方だった。

マリーは兄のアルフレッド、三人の妹とともに、王族としての立ち居振舞いを厳しくしつけられた。時間を守ることや感情を表に出さないこと、食卓に並べられた料理は口に合わなくても拒まないこと、年上の兄弟と必要以上に慣れ慣れしくしないことなどである。マリーは後になって自分の子ども時代を振り返ると、幸せで、放任、豊かさ以外の何物でもなかったと感じていた。人生の厳しい現実から隔離された健康な子ども時代だった。母親は父親よりも大きな存在だった。

ロンドンのクラレンス・ハウス

父エディンバラ公が帝国海軍にいたため、家族は季節によって英国周辺の島を含めたいくつかの家で暮らした。最も長く暮らしたロンドンの住居はバッキンガム宮殿に近いクラレンス・ハウスだった。一九世紀初めに建設された邸宅で、父親のアルフレッドがドイツのコーブルク公国の継承者になった後も、一九〇〇年に死去するまで、邸宅の主は父親だった。歴代の皇太子らがハウスに居住しており、最近ではチャールズ皇太子とカミラ夫人の公邸となっている。

クラレンス・ハウスの廊下には、父親が海外遠征した際、各地で開かれた狩猟会のトロフィーや記念品が並べられていた。象や熊のはく製に交じって、日本の甲冑も展示されていた。眼窩が黒く空洞になった恐ろしい形相のマスクは、子どもたちが怖がる展示品の一つだった。

クラレンス・ハウスには王族たちを惹きつける二つのサロンがあった。一つは中国の絵画の部屋、父親が海軍フリゲート艦の艦長として訪問したアジアの国々で収集した骨董品が並べられていた。この中には日本の品々もあった。エディンバラ公は、ヨーロッパ皇族として初めての国賓として明治維新間もない一八六九年に来日している。攘夷論による外国人排斥の不穏な空気が漂う中、エディンバラ公は一か月にわたって今の浜離宮の海軍所施設を全面改修した石造建物「延遼館」に滞在した。延遼館は鹿鳴館の完成により一八八九年に取り壊されている。公は明治天皇に謁見した際、土産として蒔絵台や画帖、金魚鉢などを授かっている。これらも展示されていたはずだ。

二つ目のサロンには母親が取集したロシアのファベルジェが陳列されていた。ファベルジェは宝石で装飾された金製の卵型の飾り物で、まさにロシア王室の贅を示す宝物だった。

マリーはこのクラレンス・ハウスには関心がなく、自分が生まれたケントのイーストウェル・パークがお気に入りだった。マリーが晩年、米サタデイ・イブニング・ポスト紙に寄稿した自伝でも、「のびのびしたイーストウェル・パークを離れ、ロンドンのクラレンス・ハウスに戻る季節になると悲しくなった」と述懐している。最も長く過ごしたはずのロンドンには、あまり思い入れがない。多分に母親が英王室の中心であるロンドンを嫌っていた影響もあるだろうが、マリーは「ロンドンの悲惨さは煤による不潔さだ」と述べている。マリーはロンドンにいると、服や膝、靴下が真っ黒になったと嘆いている。ヴィクトリア女王時代のイギリスは産業革命の恩恵で繁栄を極めたが、その反面、工場の動力になった蒸気機関の燃料、石炭による大気汚染はマリーの幼少期に頂点を迎え、現代の五〇倍を超える汚染ぶりだったとされる。マリーはクラレンス・ハウスの隣のグリーンパークを散歩したり、遊んだりする時には、汚れてもいいよう、スモックを着なければならなかった。

クラレンス・ハウスからはグリーンパークを通って、広大なバッキンガム宮殿につながっていた。宮殿には、大きな池や不思議な場所があった。その一つが巨大な鳥の飼育場だった。そこではクジャクやキジ、アヒル、ガチョウなどあらゆる鳥が飼育されているように思えた。飼育場は小高い丘の上にあり、周りはひどく汚れた草むらに囲まれ、宮殿の中で最も暗い場所だった。子どもたちは丘をアルプスと呼び、そこを遊び場にして、服が真っ黒になるまで登山したり坂を転げ落ちたりしていた。

イーストウェル・パークの思い出

幼少時代の楽しい思い出の中心となるイーストウェル・パークは、グロリアス・トウェルブスと呼ばれる八月十二日に始まる赤ライチョウの狩猟シーズンとクリスマスに過ごす居城だった。周囲一八キロの塀に囲まれた壮大な公園の中にある四階建ての灰色の邸宅は全ての部屋を探検することができないほど広かった。庭はどこまでも芝生が敷き詰められ、花や木が整然と植栽され、森の中には鹿がいた。

一方、イングランドの南の端にある小島ワイト島のオズボーン宮殿もわくわくする場所だった。そこで暮したのは夏の休みの時期で、海と海岸が遊び場だった。潮がひいたときにはさまざまな色や形の貝殻を拾い、潮が満ちると海水浴をした。また天蓋のない乗合馬車に乗って甘い香りのする森を抜け、スイカズラがからまった生け垣に沿って島を遊覧した。

イーストウェルでの生活には、ほの暗い情景が付きまとう。なぜなら、マリーたちがイーストウェルで暮らしたのは冬期が多かったからだ。時には寒く湿っぽかったが、マリーにとっては素晴らしい思い出ばかりだった。その時の光景や感情が心に刻まれた。生涯、彼女は当時の思い出を宝物のように慈しんだ。

イーストウェルには大きな湖があり、そのあたりに恐ろしい、説明のできない神秘があった。執事や乳母たちはあまりそこには連れて行ってくれなかった。小さな子どもには遠かったからだ。だがときどき彼らにせがんで連れて行ってもらった。そこは身の毛もよだつような場所だった。湖の反対側の果ての茂みに隠れるように井戸があった。その井戸からは恐ろしい音が聞こえてきた。あたかも必死に牢獄の扉をゴツンゴツンと叩くような低く響く音だった。子どもたちはお互いに「誰か井戸の底のほうにいる」と囁き合った。幽霊、囚人、恐ろしい人食い鬼、恐ろしい生き物が這いあがって来る。だが誰もその井戸に誰が閉じ込められているのか尋ねなかった。知ろうともしなかった。恐ろしいことは明らかにされないほうがよかったのだ。心臓がどきどきした。子どもたちはお互いに手を握り合って、急いで通り

マリーの幼少期

過ぎたり、脅えたりしないように努めた。いったい何なんだろう。今だにその井戸に何があったのか当時と同様わからない。タンクか貯水槽が異様な音を出していたのだろうか？

マリーは、いつまでも色々なことを覚えていた。たとえばハイランド・カトルを思い出す。公園を抜けて教会につながる道におとなしく歩いていた白い角の大きな目をしたいきもの。その牛たちは巻き毛で、時によって砂色や栗色、ある時は真っ黒で、余りに長いので額の所が房飾りのようになっていた。彼らはもじゃもじゃとした子どものような顔をしていた。なぜかその毛羽立った房飾りが、最初は大きな角にびっくりした子どもたちを安心させた。牛たちはいつも教会への道すがら銅像のようにじっと立って、頭をあげ優しい目で子どもたちが手にしている聖書をじっと見つめていたように思えた。

ある日、子どもたちは中が空洞になった大きな木を見つけた。巨木と言ってよかった。子どもたち四人が空洞の中に坐ることができるくらい大きかった。もちろん中に入るには手足で這っていかなければならなかった。そこは最高の遊び場であり、絶好の隠れ家でもあった。ロビンソン・クルーソーになったり、ロビン・フッド、インディアン、海賊になったりした。空洞の真ん中から少し引っ込んだ場所に木のこぶがあり、居心地を悪くしていたので、それを取り除くことにした。切り落とすには斧かのこぎりを使わなければならなかった。

そうした道具は頼まなければ手に入らなかったので父親に頼んだ。マリーはその時のことをよく覚えていて、父からはのこぎりを使うように言われた。斧は固く禁じられた。父が言うには「斧は振り下しただけで指を切り落とすが、のこぎりは指をひいたらやめればよい」と言った。マリーはこの時の父の言葉を何故か、いつまでもはっきりと覚えていた。

父親は自分の時間を子どもたちに割くことはあまりなかった。それはもっぱら母親にまかせていた。でも、時に思い出したように子どもたちが喜ぶ遊びを編み出してくれた。ある冬の夜のこと、父親はランプをすべて消して、自分は人食い鬼のふりをして、暗い所に身を隠した。子どもたちは恐れ慄きながらインクのような真っ暗な部屋に這ってゆくと、突然、ありとあらゆる危険が降りかかってきたかのように父親が飛び出してきて、食べられてしまうと叫び声をあげている子どもたちを捕まえた。それは恐ろしいぞっとするような遊びで、危険が冒険者に降りかかる本当の恐怖を味わわせたものだ。

また、マリーは自分には想像にふける性癖があったと述べている。自分の心にある空想の物語や、目で見て理解する以上のすべてのことを兄弟たちに聞かせる子どもだった。この傾向は生涯持ち続け、全く予期せぬ出来事や場所に遭遇しても、空想に思いをはせたり、美しさを見たりすることができた。早熟で多感な幼児期をイーストウェルで過ごしたことは、マリーが五十歳になる直前に著した童話「わしといたずらキルディーンの物語」に遺憾なく反映される。

父親は海軍士官でスポーツマンでもあり、多くの英国紳士のように射撃の名手だった。秋の狩猟シーズンには多くの人々がイーストウェル・パークに招待された。著名で様々な国籍の紳士淑女たちだった。客が来ている時には、就寝前にきれいな服を着て一階の大きな書斎に行き、両親の友人たちにおやすみの挨拶をした。挨拶の前に、マリーは髪をきれいに櫛でといた。彼女の髪はふさふさの金髪で、姉妹たちは「黄色のかたまり」と呼んでいた。その髪のことをスコットランド出身の老乳母のピカシーは大変自慢にしていた。マリーの髪はとかすほどに美しさが際立ち、ピカシーは、まるで馬を甘やかすようにきれいに撫でつけ、磨きをかけた。マリーは大人になっても、自分の髪のカールが肩にかかり、輝くふさふさの髪が視界の端に入るような感触を覚えていた。しかし、ピカシーは家族の中でダッキーと呼ばれていたマリーの妹が最もお気に入りだった。ダッキーはコルクの栓抜きのような茶色のカールした髪で、それを乳母は櫛で指の周りに巻きつけて結った。ダッキーはマリーの大の仲良しだった。二人は容姿も性格も違ったが、お互い離れがたい存在だった。

あとになって母親は狩猟の一団を決して好きになれなかったと子どもたちに述懐している。男たちは疲れ果てて家に帰り、一日中、鉄砲と付き合ったので会話もなかった。そもそも母親はスポーツが好きではなかった。彼女は文化的に洗練されていたので、賢明で興味深い人々と会話するのを好んでいた。陸軍や海軍の軍人、スポーツマンより外交官や政治家を好んでいた。子どもとしてその後大きくなっても、このことは理解できなかった。マリーと姉妹たちは、女性というものは、たとえ一日中スポーツをして大あくびしていようと、強い男を愛するのが本当だと思い込んでいた。

パーティは母親にとっては退屈だったが、子どもにとっては興味深く刺激に満ちたものだった。子どもたちは、客たちを好き嫌いでクラス分けした。もちろん一番大切なのは見てくれだったが、自分たちをどう扱うかも大事だった。大人の中にはどうしたら子どもに愛されるかをよく分かっている人が何人かいた。

海軍将校だった父親はしばしば家を空け、子どもたちにとっては幾分、他人のような存在、素敵なよその人、とてもハンサムで日焼けしており、青い目、真っ黒な髪をしていたように見えた。しかし、後から当時の写真を見ると、父親の髪は子どもの目に見えたより黒くなかった。彼はどちらかと言うと畏敬の対象だった。父が子どもたちに目をかけてくれるのは、誕生日とか特別の日だった。

ある日、珍しく大雪が降った。父親は子どたちを酪農場のそばの丘に連れて行って、小さなソリで滑り降りる遊びをしたことがある。それは子どもたちにとって素晴らしい経験だった。事実、子どもたちが雪を見たのは初めてだった。子どもたちが雪の魅力に勝てるはずがない。イギリスの雪は長持ちしなかった。降っても夢のようにはかないものだった。大きな湖でスケートをしたこともある。幼い子どもたちが足をふらつかせながら鏡のような氷の上を滑ることはこの上ない喜びだった。余りに寒いので涙目になり、ほっぺは真っ赤になったが、言葉にならない程の素晴らしいひと時だった。子どもたちは丸いロシアのクロテンの毛で縁どりされた黒のベルベットの帽子をかぶり、それがスケートの喜びを一層増幅した。夕方にはシナモンの香りのする温かい赤ワインを与えられ、すすった思い出がある。

子ども時代の思い出で忘れ難いのはクリスマスだ。邸宅の書斎には大きなクリスマスツリーが飾られ、部屋中の壁には白布をかけたテーブルが置かれ、プレゼントが載せられた。クリスマス前には不思議なことが進行した。父親はクリスマスにはとても重要な役割を演じなければならなかった。彼はまるで子どものように自分で物を運んだりした。大抵の男がそうであるように父親は細かいことにこだわり、自分が思ったように物事が厳格に進まないと、とても怒ったりした。

クリスマス前の楽しい行事は、イギリスの伝統的なクリスマスケーキであるプラムケーキ作り、使用人たちのプラムケーキ作りを手伝うことだった。この行事は執事の部屋と馬小屋に分かれて行われることになっていた。邸宅と馬小屋は別々の領域であり、片方が他方の領域を侵すことはなかった。よく組織化されたイギリスの家の使用人たちのエチケットは大変重要なことだった。巨大なボウルがテーブルの上に置かれ、子どもたちは一人づつ具材をかき混ぜなければならなかった。それは力のいる、出来上がりに影響のある仕事だった。

クリスマスイブが近づき数日間にわたって閉ざされていた書斎の扉が開きツリーが見え、光り輝く中で、白布のテーブルの上に皆のクリスマスプレゼントの山が築かれた光景を忘れることができない。あまりに晴れがましいので、一寸おずおずしながら皆の手をとり子どもたちは明かりの中を部屋の中心まで進んでパーティーそのものと一体になった。

クリスマスは事前に閉ざされた扉の向こうで行われている密やかな準備、囁き、静寂、それが一転、突然としてキャンドルライトの輝きの下、繰り広げられる饗宴、モミの木の焦げたような匂いが、一緒になってクリスマスの思い出として甦る。大人になると、こうした準備はマリーの役目になったが、マリーは楽しかったイーストウェルのクリスマスの雰囲気を再現できるように努めた。クリスマスはいつまでも忘れられない思い出になった。

マリーは新聞に寄稿した自伝の中でイーストウェルの思い出を懐かしそうに述べているが、それが自分を美化するだけの誇張でないことは次の下りでよくわかる。匂いもイーストウェルとつながっている。「いくつになっても枯葉の季節の木の葉の匂いは、木立に囲まれたイギリスの家を彷彿とさせる。木々はどれをとっても何物にも邪魔されず、すくすくと成長していた。私たち子どもは枯葉をかき分け、煙のように立ち昇る水蒸気のツンとする臭いを嗅ぎながら大きな木の枝の下で遊びまわっていた。調理場の庭ではスミレの葉の香りとジャガイモと庭のすぐ横にある道具小屋に貯蔵されたずた袋のカビくささが入り混じったような臭いがして、さらに奥の青臭い香りの月桂樹の生け垣、そこはおとぎ話の場所に通じる秘密の通路に見えたのだが、最後には必ずここに滑り込んだ。嗅覚は人間の最も原初的な記憶であり、誰しもある香りや臭いが突然過去の情景を呼び起こすことがある」マリーの幼児時代の香りと情景の繋がりにはリアリティがあり、彼女の感受性の豊かさが幼児期に養われたことがよくわかる。

次女ダッキーは肌が浅黒く、一歳年下だったけれど、マリーより背が高かった。ダッキーの方が年上に見られたので、いつも二人を悩ませた。ダッキーはマリーよりまじめで、叱られるのをひどく嫌がった。また嫉妬深かったため、マリーの兄は難しい子と呼んでいた。

マリーはいつも笑顔で金髪、ダッキーに比べると物事を楽天的に考える子どもだった。友達もすぐにできるほうだった。マリーとダッキーはお互いに几帳面なほど公正で、ゲームをしていても一方的な勝利を決して望まなかった。

彼女はほんの五歳だったが、すでに女としてあらゆる美に対しては無条件な信奉者だった。あるイーストウェルの狩猟パーティーの時だった。彼女はウェールズ公妃アレックスと初めて会った時のことを覚えている。ウェールズ公妃はデンマーク国王の王女として英王室に輿入れ、一九〇一年ヴィクトリア女王の跡を継いだエドワード七世国王の妃となる。マリーとの出会いはアレックスが三十六歳の時だった。彼女はお茶の時間に素晴らしい長いトレインのついた深紅のガウンを纏って現れた。マリーはうっとりとして魔法の光景が消えてしまうのではないかと不安を抱きながら彼女を見ていたことを覚えている。自分でアレックスおばさんと呼んだベルベットをまとった幻影が、自分たちをお風呂に入れたいと自ら希望してやって来た時、マリーは憧れで返事もできず、魔法にかけられたようになってしまった。アレックスの次男のジョージはやがてマリーに求婚することになる。

マリーはいつも美しいものに心を動かされていた。どんな形であれ、愛らしい女性、花、家や馬、素晴らしい風景や絵画……。美しいものと出会うとたとえ手に入れることができなくても、見るだけでも、神がマリーにその美しさを見出すことを許し与えた喜びであり、贈り物だと感じた。マリーは美しさを微細に称讃するだけではなく、全体として見ることができたので美に触れる悦びは研ぎ澄まされていった。素晴らしい眺望の大海原や山々も、彼女が水たまりにひそかに咲く花をめでることを妨げなかった。

美をめでる能力は大人になっても、ついて回った。情景の中の線、色彩、形、音、匂いは生活をとても豊かにしてくれたし、そうした忘れられない印象は彼女の魂に訴える感謝の念をもたらした。マリーがちょうど結婚したばかりの二十歳のころだった。ある晩、ベルベットのガウンを着た目を見張るような美しい女性がマリーの前に現れた。彼女はマリーのいとこへスのエリザベスだった。その光景をマリーはいつまでも忘れなかった。マリーの人生の中で、彼女のように魔法にかけるほど感動的に美しい女性はいなかった。まるで女神を崇める古の儀式のように彼女の前ではひざまずいてしまうような感覚を覚えた。

エリザベスには悲劇的で恐ろしい運命が待ち構えていた。彼女はマリーの母親の下の弟ロシアのセルゲイ大公と結婚し、エリザベス大公妃となった。たが、夫のセルゲイ大公は革命のずっと前、モスクワ市長の時に無政府主義者に爆殺された。彼女は修道女になり、修道院を作ってそこで暮らしていたが、修道生活はロシア革命を主導したボルシェビキから何ら顧慮されず、シベリアに連行され、無残にも生きたまま埋められて殺されてしまう。しかし、彼女の遺体は掘り起こされ、エルサレムに埋葬されている。
　エリザベスの愛らしさはまるで天使のようだった。目、唇、笑み、手、人を見るとき、話すとき、動く時の仕草は全てが言葉にいいつくせないほど洗練されていた。見ているだけで涙ぐんでしまうような美しさだった。マリーは自伝の中で彼女を見ると感嘆の声をあげたくなるとして、ハイネの詩をドイツ語のまま書き添えている。

きみは花のように
甘く、美しく、清らかだ。
きみを見ると、切ない想いで
ぼくの胸は張り裂けそうになる。
この手をきみの頭に添えよう。
神のお恵みにより
きみがいつまでも清らかに、美しく、
やさしくあるようにと祈りながら。（ハインリッヒ・ハイネ詩集から、拙訳）

子どもは絵の中に絵を見たり、物事の奥底のさらに奥底を見たりして、毎日わくわくさせるものを見つける能力があるものだが、マリーは一生涯を通じてその能力を持ち続けたと自ら語っている。マリーは善意に彩られた生涯を送るはずだったが、現実は多くの場面でそれを許さなかった。

英王室内の母親

マリーの祖母はあの偉大なヴィクトリア女王だった。マリーは女王のことを「おばあちゃん女王（グランママ・クイーン）」と呼んでいた。しかし、母親にとって、ヴィクトリア女王の義理の娘の立場が必ずしも心地良かったわけでなかった。双方ともお互いに敬意を払っていた。母親はヨーロッパで最も貴族的なロシア帝国の宮廷に育った。その華麗さは現実とは思えないようなものだった。しかも彼女は皇帝の一人娘であり、その立場はいろいろな意味で例外的で、イギリス王室に嫁いだ彼女は、社交界で高慢な印象を持たれていた。彼女はヴィクトリア女王の二男と結婚したが、彼女の義理の姉妹たちはたとえ結婚していなくても、彼女より上位の王位継承権を持っていた。とりわけ長男のウェールズ公エドワードに嫁いだデンマーク国王の王女アレックスよりも格下に位置付けられたことに衝撃を受けた。デンマークはロシア帝国に比べ問題にならないような弱小国家だったから自尊心を傷つけられたのだ。マリーは子どもだったので母親を困惑させる大人の世界のことは分からなかった。彼女はそうした悩みを一切表には出さなかったから、子どもたちは天国にいるようなものだった。子どもたちがそうした生活を送ることは将来の厳しい人生を送る上で良いことではなかったかもしれないが、マリーは幸せな生活を送れたことを、いつまでも母親に感謝した。

母親は自分たちをとても幸せにしたので、子どもたちは母親も幸せなのだろうと思い込んでいた。しかし後になって、彼女が本当は、安らかではなかったことが分かった。彼女を苦しめていたのは、英王室の中での自分の位置づけだけではなく、彼女の信仰が厳格で禁欲的なロシア正教だったこともある。彼女は自分自身に厳しく、それが、表面的に彼女を傲慢に見せ、格式にうるさいように見せた。しかし、内面的には彼女は謙虚で、両親や自分を教育した人々が彼女に描いていたストーリーを忠実に実現していただろうかという思いに苦しめられていた。マリーは大人になって徐々に母親の本当の性格や生涯付きまとった道徳的な葛藤が理解できるようになった。その一方で、母親は世俗的な英国国教会の下での英王族たちの生活を堕落したものと蔑んでいたことが、マリーの結婚の行方に大きな影響を与えることになる。

母親の信仰心

母親は自分の教会に全霊をささげていた。彼女がどこに住んでいようが、住居の片隅には小さな礼拝堂が作られ、礼拝の際には必ずロシアの司祭と二人の聖歌隊がついて、どこに行くに際しても彼らはつき従った。

子どもたちは英国国教会で育ち、母親にとっては子どもたちが新教であったことは生涯の悲しみだったかも知れない。ときどき彼女は子どもたちを礼拝堂に連れて行った。そこで子どもたちは馴染みのない礼拝式の神秘に畏敬の念を抱き、珍しいイコンや祭壇を覆い隠している三重の扉のところでうっとりと我を忘れて見つめていた。酔うような香の香りを吸い、胸をどきどきさせながら厳粛で心を揺さぶるようなロシア語の詠唱に耳を傾けていた。ロシア語は唄うための言語で、並外れた低い声に似合っていた。

この小さな聖域の神秘的な雰囲気はマリーに強い印象を与えた。マリーは自分の信仰を母親に合わせようとは思わなかったが、母親が小さな礼拝堂で祈る姿や献身的に十字を切る姿を目の当たりにして、聖なる場所に近づいている気がして、言葉に尽くせない感動を覚えた。母親がマリーたちとは異なる形で神を崇める姿はマリーの想像力の中で特別な雰囲気を醸し出していた。その時、母親は近寄りがたく、日常的な世界には属していないような気がした。子どもたちが洗礼を受けた信仰に敬意を表しながら、母親は恐らく子どもたちに影響を与えないよう子どもたちと信仰の話をするのを避けていた。だから宗教的なことについて話をするとき、お互いにある種の遠慮があった。信仰の問題は、後年、マリーを同じような運命に立たせる。マリーは生涯、忠実な新教徒だったが、マリーが生んだ子どもたちは国教徒になり、マリーの母親と同じ宗教である正教の洗礼を受けた。そのことは子どもたちが自分と同じように難しい問題に立ち向かえるかどうか、母親を苦しめる最も心配な事柄だった。子どもたちが母親の宗教の方が優れていると本能的に考え、自分たちの信仰に敬意を払わなくなるのではないかと恐れた。

このためマリーは子どもたちと宗教の問題を話し合う時には、マリーと母親の間にあったような遠慮をしないことにした。子どもとの会話はお互いに楽なものになった。マリーの母親は世代の違いを厳格に守るよう育てられたので、子どもたちの親に対する親密な態度は彼女の目には敬意が欠如しているように映った。マリーが最も残念に思ったのは、マリーが自分の娘というだけで、娘が四十歳になっても同等に話し合うことを決して認めなかったことだ。母親はどうしても世代間に橋を渡そうとしなかった。

もし親子が、お互いに外国で結婚生活を送る中で、困惑することなど人生の問題を一緒に話し合うことができれば、二人とも限りない安らぎを得られたのにとマリーは後になって思った。母親がそうだったのでマリーは彼女に何事にも助言を求めることはまずなかった。母親と一緒にいるときは仮面をかぶっていたし、彼女も仮面を外そうとしなかった。母子はお互いに小さな喜劇を演じていた。マリーが仮面をかなぐり捨てようとしたなら、母親も同じようにしたのだろうか？　それはわからない。敢えて言うならもしマリーが娘であるということを忘れて一人の女性として扱ってくれたら、マリーは母親の助けにすらなれたかもしれない。なぜならマリーは遠く離れた地で見習いとして多くのことを学んだからだ。

マリーは自分の子どもたちと自由に話をし、自分たち自身の考えを持つようにさせ、時には親を導くことすら許してきた。マリーは親としての権利を乱用することも確かにあったが、子どもたちの闘争心や欲求に対してはより寛容だった。より強く、より良い世代になろうとしていたのだろうか？　彼女は自問自答した。時代の変化で権利や自由という概念に目覚めていたので、違う方向にあまりに遠くに行ってしまったような気がした。しかし、両親たちの世代はマリーたちの世代ほど器用に、自分たちを変えることができなかったのだ。

孫から見たヴィクトリア女王

マリーを描くに当たって、母親と同時にグランマのヴィクトリア女王の存在に触れておかなければならない。ヴィクトリア女王は単なる肉親に留まらず、マリーの精神的な背骨であり、プライドの源泉である。一寸だけ意地の悪い言い方をすれば、マリーが後年、自分を大英帝国の尖兵であることを意識させ行動させた原動力はあの小さな禁欲的なヴィクトリア女王の存在である。

ヴィクトリアは、ジョージ三世国王の四男ケント公エドワードの長女として一八一九年に誕生したが、父親は八か月の時に亡くなる。彼女には王位継承権のある三人の兄がいたが、いずれも早世し、一八三七年七月二十日、十八歳で即位する。彼女は一九〇一年一月二十二日、この世を去るまで六三年七か月間にわたる長い期間、王位についた。この間ヴィクトリア女王はいとこでドイツのザクセン・コーブルク・ゴーダの王子アルバートと結婚、九人の子どもをもうけた。

多くの人たちがあの偉大な小さな女性について書き、物語り、彼女の性格、統治、人としての価値を詳細に調べている。それらはマリーの人生に属したものというよりは、それとは違う彼女の姿を描こうとしたものである。マリーが描くのは子どもの目から見た彼女、後年、生まれ故郷の国から遠く離れた若い女性の目で見た彼女である。当時、彼女は、おばあちゃんとしての愛情でマリーを見ていた。しかし、家族がどこにいようが、厳格な心配性で見守り、王家の名誉のためには何でもする覚悟があった。

マリーが尊敬したおばあちゃんはペチコートの様な黒いシルクの服に、寡婦がかぶる白いキャップをかぶり、はにかむように笑い、いたずらっぽく肩をすくめるしぐさ、なんとも素敵で忘れられない小さな女性だった。

おばあちゃんの部屋の扉は畏怖の念を呼び起こすものだった。あたかも神秘的な聖地の入り口のようだった。静かで深々とした絨毯が敷かれた廊下はおばあちゃんの居室につながっていた。そこにはいつも遠くから歩いて行ったような気がする。廊下の途中には召使や侍従、メイドたちがまるで一人でいるかのように静かな声で話すのが聞こえ、子どもたちはそろそろと歩いて行った。

寺院の前庭を横切るかのように音もなく扉を次々と開けていく。ついには入会を許された者だけが神秘に触れることができるかのように。見てくれは小さく目立たない女性だが、どうしたら他人に厳かな畏怖の念をもたらすかをよく知っていたに違いなかった。乳母は子どもたちをまるでしつけの良い小さなアヒルの一群のように並ばせた。乳母たちも突然柔らかな口調になり、おこった声すらまるでフランネルを通した声の様に聞こえ、その叱責の声から鋭さは影をひそめた。

ついに扉は開けられ、そこにおばあちゃんが坐っていた。偶像的なものは全くなく、少しも怖くなかったし、ひそかに笑い、子どもの様にはにかんでいるように見えた。会話はお互いに弾んだものとは言えなかった。会話のほとんどは子どもたちのしつけやいつもの振る舞いに関するものだった。子どもたちのだれかの悪戯を聞かされたりすると、おばあちゃんは好奇心をそそられたような驚きの声を上げたのをよく覚えていた。周りに人がいなくなると子どもたちだけでなくおばあちゃんもほっとしたような感覚が残っていた。でもおばあちゃんの部屋がマリーを惹きつけたのは、オレンジの花がないのにいつでもオレンジの香りがしたことだ。

部屋の中にはどこにでもおじいちゃんの肖像、肖像画、印刷物、銅像、真鍮製の小さな肖像、写真などあらゆる類の肖像があった。将軍の正装をした祖父、ガーター騎士団の外衣をまとった祖父、スコットランドのスカートをはいたもの、平服、乗馬姿、テーブルで書き物をする姿、犬と遊ぶ姿、子どもたちと撮った写真、庭、山での姿、重要書類を持つ姿、彼をうっとりと見つめるグランマと一緒に撮った写真。祖父はこの部屋の第一の存在だった。

　おばあちゃんの部屋の探検は母親が子どもたちを連れて行ってくれたときにのみ行われた。大抵、おばあちゃんは母親と長い間話し込んで、子どもたちをほったらかしにしたので、子どもたちは部屋の中の宝物を発見する旅に出たのである。部屋はまさに宝の山だった。さまざまな色がついたガラス球から犬のランドシーヤやポニー、鹿の写真に至るまで想像できるものは何でもあった。その中には死んだ人の不思議な写真もあった。子どもの写真も混じっていた。写真はぞっとするようなものだったが、子どもたちはこっそりと何度も見かえした。スコットランドの花崗岩でできた奇妙な品物もあった。中でも子どもたちの興味を引いたのは、女王が飼っていた鳥のウソだった。スズメよりちょっと大きいウソは怒りっぽい鳥で、怒ると体を小さくした。特に鳥かごの格子の隙間に指でも入れようものなら、金切声をあげた。そのかわり誰かが気にいると綿毛の球に見えるようになるまで膨らんで、優しく魅惑的に楽しいメロディーを奏でた。

　マリーがおばあちゃんと会った場所として、よく覚えているのはウィンザー城の女王の部屋と廊下だったが、イングランドの南の小島ワイト島のオズボーン宮殿やイングランド北東部の内陸にあるバルモラル城では屋外で会うことが多かった。女王としてのおばあちゃんは働きすぎの人々と同じように、一日のうちの一定の時間、自分の屋敷の女王職から息抜きをすることが好きだった。彼女は天気が許せば、朝食とお茶を外でとるようにしていた。特にフロッグモアとオズボーンにいるとき、女王は緑で縁どられた淡い茶色のパラソルの下で朝食を摂った。おいしそうな香りのコーヒーとドイツ製の丸いスズの平皿に載ったビスケットがおばあちゃんの朝食だった。子どもたちの鼻は欲しそうにその臭いをかいだが、子どもたちがそこに呼ばれることはなかった。ウィンザー城の居室で朝食を摂るときは、食事が終わるや否やカップや皿、ポットが片づけられ、そのあとに公式文書が入った沢山の革の箱が並べられた。どの箱も書類がはみ出していた。こうした箱はほとんどおばあちゃんの一部分に思えた。

マリーの母方の祖父、ロシア皇帝アレクサンドル二世についても触れなければならないが、その祖父はマリーが五歳の時に、無政府主義者が投げた爆弾で非業の死を遂げている。

このため思い出はわずかしかない。サンクトペテルブルグ南東の避暑地ツァールスコエ・セローで過ごした際、子ども部屋で、就寝時にマリーが独りでいると、背の高い祖父が入ってきて、横になっていたミッシーの方に腰をかがめて頬にお休みのキスをしてくれたのを薄ぼんやりと覚えているくらいである。マリーは自分だけキスを受けたことに誇らしさを感じたと述懐している。

母親の教育とマリーの成長

マリーは子どもながらに、母親がイギリス王室の人々から距離を置いているように思えた。

公爵夫人である母親は会話の達人だったが、英宮廷でその能力を発揮することは浪費であるかのように思っていたのかもしれない。子どもたちには学業より社交的な能力を獲得するよう求め、子どもたちは食事の際の会話に熟達するよう仕込まれた。そのためにトレーニングとして誰も坐っていない椅子に話しかけるよう指示した。母親によると喋らない王女ほど情けないものはなく、無作法だと言った。またヴィクトリア時代の女性たちは何か手仕事をすることが当たり前だった。公爵夫人も編み物が好きだった。娘たちも乳母が物語を読み聞かせる中で編み物をするよう教育された。マリーも生涯を通じて何らかの手仕事をしないことはなかった。この手仕事の習慣は、第一次大戦の赤十字活動に遺憾なく発揮されることになる。

大公妃にとって健康は何より大切なことだった。子どもたちに「イギリスの人たちはある食べ物が消化できないと良く言うけれど、お腹が丈夫なら何でも消化できるのよ。でもイギリスの人たちは子どもが小さいころから『あれは食べられない』『これは食べられない』と言って、子どもたちの消化能力を甘やかしている。私は何でも食べたわ。誰も消化のことなど話題にしないわ。少なくとも応接間の会話ではないわ」と、よく言い聞かせた。エディンバラ公の子どもたちは病気になることを許されなかった。頭痛は訴えることすらできず、風邪でお休みなどということもなく、熱で寝込むなどということもなかった。こうした軽い症状に対してはエディンバラ大公妃がロシアから多量に取り寄せた錠剤や医薬品で治療した。

彼女曰く英国の薬は馬にしか効かないのだ。また英国の医師も信用していなかった。

会話はマリーがとりわけ輝いている分野だった。彼女は生まれつきのストーリーテラーで、子どもながら大人ばかりの食卓で上手に楽しい話をして注目を集めることができた。彼女は女優としてのあらゆる本能を持っており、不思議な鳥が飛んでいる様子を表現するため、テーブルクロスやカーテン、ナプキンなど手に触れるものは何でも小道具にして、ドラマチックにおとぎ話をして兄弟姉妹を飽きずに楽しませることができた。

他のことには厳しくても、エディンバラ公爵夫人は決して子どもたちが自己表現をしようとすることを妨げなかった。子どもたちは海賊やカウボーイ、インディアンごっこをすることばかりか、木登り、引っかき傷を作ったり、泥まみれになったり、太陽の下で走り回って真っ黒になることも許されていた。このようなことは全て少女とりわけ王女たちが繊細で異質な生き物とされていた当時、王女たちを粗野で猥雑な環境で養育することはとんでもないことだった。

マリーの子ども時代は必然的に彼女をおてんば娘にして、決して放棄することのなかった個人的自由を何よりも大事にする気持ちを植え付けていった。それはまた彼女が白馬に乗った美しい王子といつまでも幸せに暮らす情景を描くロマンチックな想像力を育んでいった。つまり彼女の結婚や生に対する完全無垢な姿勢、母親もそうだったが、マリーに男性を讃美する観念を植え付けた。彼女は男たちを勇ましく高潔な騎士としてとらえ、常に偉大な心の友として求め、野蛮さとは無関係な震えるような熱情を求めていた。

美貌と素晴らしい血統ばかりではなく、その愛らしい金髪や青い目は幼いころから親戚や友人から讃美され、加えてスタイルの良さはやがて若い男たちから崇拝の眼差しで見られるようになる。マリーが初めて求婚されたのは、十歳になるかならないかの時だった。イギリス名門貴族マールバラ侯爵の嫡男、のちの宰相ウィンストン・チャーチルが「大人になったら結婚しよう」とプロポーズしている。チャーチルはマリーの一歳上で、たびたびエディンバラ家を訪れていた。チャーチルは赤毛、そばかす、目上の人に対しても厚かましい性格で、マリーは時がたっても、お互いに好感を抱いていたことを覚えている。しかし、マリーのような王族が、名門とはいえ一般貴族と婚姻することは不自然なことだった。チャーチルは大変なロマンチストで遠くから憧れているだけでも満足だった。チャーチルのマリーに対する思いは数十年経っても変わらなかった。

第2章　マルタ

父親のマルタ島着任

一八八六年、マリーが十一歳のとき、父親が英帝国地中海艦隊の司令官に任命され、家族はマルタに引っ越した。大公妃の取り扱いに悩んでいたヴィクトリア女王にとって、エディンバラ公の地中海艦隊司令官任命は名案だった。英宮廷から離れ、マリーの母親はかつてのように何物にも煩わされない立場になった。

地中海艦隊は、世界最強の英帝国海軍の中でも、最名門の艦隊だった。英本土と東半球の英帝国領を結ぶ生命線を防衛していたからだ。スペイン継承戦争の際、英帝国はスペイン半島南端の地中海への入り口ジブラルタル海峡を一七〇四年に奪取、地中海への大きな地歩を築いた。ジブラルタルは一七一三年ユトレヒト条約により正式にイギリス領になり、最初の海軍基地が置かれた。一八〇〇年にイタリア・シシリー島の南、マルタを占領、ナポレオン戦争の際に戦略的な重要性に気が付き、恒久的な海軍基地を設置した。その後、一八六九年のスエズ運河の開通によりますますマルタの戦略的地位が高まり、港湾造船施設を拡充するなど最新鋭戦艦一〇隻を擁する英帝国最大の海軍基地になり、本土とインドを結ぶ商船の寄港地にもなった。

十月にマリーたちはマルセイユからマルタに向かった。祖母のヴィクトリア女王は自分のヨットHMS（Her Majesty Ship・女王陛下の艦艇）オズボーン号を派遣した。美しいヨットだったが荒れた海の航海には向いていなかった。マリーの記憶では四日の航海のうち三日は海が荒れ続けた。ほぼ全員がひどい船酔いだった。母親は海を嫌っていたが、船酔いもあまりせず、船乗りの素質を持っていた。マリーはひどい船酔いに悩まされることもあったが、動けなくなるほどではなかった。海が収まることが何時間かあったが、その時は完全に回復し、片時、航海を楽しんだ。マリーの大事な妹ダッキーは全く船乗りの素質がなかった。一方サンドラはいつも快活だった。末っ子のベアトリスのことはあまり覚えていない。彼女は赤ちゃんだったので、ほかの子どもたちとは違う生活をしていたのだろう。

マルタに到着した時の光景は忘れがたいものになった。マリーたちがヴァレッタの要塞化された美しい港に入ったのはちょうど夕日が沈む時間だった。眼前には見事な歴史ショーが繰り広げられているかのようだった。背景には部分的に岩そのものを削って造られた銃眼のある頑強な胸壁、その下には地中海艦隊の全ての艦船が祝祭の配列で停泊していた。当時の軍艦にはマストがあり、艦船の整列の美しさをさらに引き立てていた。マストの上には一段ごとにネービーブルーの長い列が歓声を上げていた。万国旗が掲げられる中、オズボーン号は二列になった戦艦の間をゆっくりと進み、列それぞれの軍楽隊が女王よ永遠なれを演奏していた。船が係留する場所につくと、父親が家族を待っていた。彼はその時、海軍大将になる目前の地位にあり、最もハンサムだったころだ。顔は日焼けし、魅力的な青い目が異様に輝いていた。あらゆる意味で船乗りであり、イギリスの王子だった。

桟橋には軍隊にかこまれ、赤い制服の儀仗兵に側面を守られた女王陛下の代理人としてマルタ島を統治する太っちょで白い頬ひげの総督が、細いきちきちの緋色の制服に身を包み、白い羽のついた帽子を被って出迎えた。

提督の夏の宮殿であるサン・アントニオに着いた頃には真っ暗になっていた。そこにマリーたちは滞在することになった。「壁に守られたオアシス、東洋風で秘密めいた」というのがサン・アントニオ宮殿に対するマリーの最初の印象だった。エディンバラ一家が住んだサン・アントニオ宮殿はマルタ島の中心部アッタードにあった。上品な鎧戸がついた窓、列柱のある屋根つきの玄関の向こうには地中海の花が生い茂った広大な庭園が広がっていた。オレンジの果樹園もあった。愛すべき家。両親はマルタで人気者だった。サン・アントニオ宮殿は社交の中心になった、多くの客が宮殿を出入りし、彼女たちも客の注目を浴びた。数えきれない友人ができ、多くが海軍の将校だった。艦隊は言ってみれば意のままになった。マリーたちはしょっちゅう艦隊のさまざまな艦船に乗船した。父親が乗る艦隊の旗艦ＨＭＳアレクサンドラはお気に入りだった。旗艦の見習い将校たちとはとても親しくなった。

馬とのマルタ生活

薫り高い庭園の奥には馬小屋があり、間もなく馬たちとの付き合いがマリーら姉妹の生活そのものになった。乗馬はヴィクトリア期の王女たちにとって珍しいことではなかったが、馬術の能力はダンスや絵画、笑顔を振りまくのと同じように、見れば技量がわかるものだった。マリーらの乗馬スタイルは王女にふさわしいものではなかった。マリーたちの乗馬は恐

れ知らずだった。父親の艦隊から派遣されてきた将校とともに、石の壁があるマルタの道路を競争しながら疾走した。先導役はいつも全速力だった。地面が岩であろうがお構いなしだった。マルタで唯一の柔らかい地面はマッサと呼ばれる競馬場だった。マリーたちはピクニックの日と決まっていた土曜日以外は、必ずそこに行った。マリーは稽古の甲斐あって、島で最も威勢のよいアラブ種の馬を操れるようになった。それは当時、馬を操る最も練達した女性として知られる一人になるための第一歩だった。

マリーらの一番の楽しみは乗馬であり、乗馬を競う友人たちだった。母親は害のない楽しみには驚くほど寛大だった。彼女は「とんでもない情熱」と呼んでいた子どもたちの乗馬熱にはお手上げで、子どもたちに馬を与えた。馬はマルタでは必需品だった。自動車が発明されるずいぶん前の時代であり、マルタでは誰もが馬を持っていた。ポロや競馬、馬に乗ってピクニックに出かけるのが常だった。

マルタの乗り物は小型で、真っ平らな荷台に車輪がついた大きな二輪馬車で、座席はついていなかった。ちょうど日本の大八車を一回り小さくしたような形で、荷台にはマットレスか絨毯が敷かれていた。御者は荷台がいっぱいで車軸に坐っていない限り、マットレスの上に坐っているか寝そべっていた。御者はこの馬車をかなりのスピードで繰り、馬はもちろん馬具にすら誇りを持っていた。マルタには謎めいた神秘的な轍がある。石灰岩の大地に平行した二本の溝がいたるところ刻まれている。島の居住区から海に続いている。轍は紀元前二千年まで遡るという。馬車の両輪によって石灰岩の大地が徐々に削られたという説明が順当である。

文明化された乗り物としては四輪で四つの座席のあるカートだった。荷台は白い飾りがついた天幕で覆われていた。このカートは二頭の馬にひかれていた。大きなカートでも二輪のものがあり、明るい深紅に塗られ、色彩豊かに華やかな模様が描かれていた。これらのカートは大きな雄のロバと雌のウマを交雑したラバに引かれていた。マルタのラバはマリーが見たこともない大きなもので、小さく感情の起伏が激しい馬に比べると、ラバはおとなしく、忍耐強く、感情を表に出さない生き物だった。

マルタの馬は北アフリカが産地のアラブ馬のバーブという種類だった。イギリスとアラブ馬との歴史は長い。一八世紀ごろからシリア、トルコ、エジプトのアラブの雌馬とイギリスの在来種の種馬を掛け合わせサラブレッドを生み出した。軍馬についてもフランスやイタリアはイギリスにかなわなかった。バーブ馬は意気軒昂で由緒正しい生き物だった。馬車をひくシンプルな装具をつけた美しい馬だった。大公妃はマリーと妹のダッキーにはバーブ馬を与えた。サンドラはまだ幼い彼女のサイズに合った信頼に足る仔馬が与えられた。

マリーの最初の馬はグレーでゴードンと呼ばれていたが、扱いにくく信頼できなかった。

ゴードンはマリーを、どのマルタの道にもある高い壁にぶつけて足を折ろうとした。マルタには壁で仕切られていない道はなかった。

彼女たちはそれぞれ馬をもらって興奮しきっていたが、ゴードンとは折り合えず、ついにコーチのロバートは愛らしい意気軒昂な茶褐色の馬を見つけ、マリーのものにした。彼のたてがみと尻尾はクリーム色だった。いたずらっぽい目をして、脚は紡錘形をしていたが鉄のように丈夫だった。彼は雄馬で獣じみたところもあったが、マリーは情熱的に愛した。ラビーと呼んでいた。マルタの生活は素晴らしかったが、ラビーが加わって天国になった。ラビーは奇跡とも言える馬だった。

姉妹は野性的な少女で全く害はなく、楽しみは無垢だった。マルタの生活には素晴らしい祝福された自由があった。その自由は、日差しと人の良さ、若さ、幸せに支えられていた。しかしたとえ天国にいようと、誰も何も妨げられずに好き放題、生きることはできない。母親が子どもたちに余りに大きな自由を与えたことに対して異論が出たのだ。若い男ばかりの競馬場で女の子がたった一人で乗馬するのが許されるのか。

マリーの地位にいる子どもたちは、一般に母親を敬う一方、乳母を慕うというのが常だった。しかしマリーは支配層を育成するそうした人たちに対して一定の距離を置いていた。母親がそういう人を雇う際、人物評価が下手だったからだ。マリーの最初の乳母はスコットランド出身の厳格な老婦人だった。彼女は軍隊的な規律を重んじていた。マリーは彼女が夜な夜な赤ちゃんのベアトリスが目を覚まさないように静かに歩く肉体的な規律に感心していた。彼女はがんを患っていた。

その対極だったのが、大きく広がった髪をした優美とはほど遠いマドモアゼルと呼ばれた勉学を教えるヒステリックなオールドミスだった。マドモアゼルにとってはマリーたちの行き過ぎた乗馬への情熱は苛立たしいものだった。マドモアゼルは上流階級の雰囲気を持っていなかった。子どもたちの乗馬に口をはさんだのはマドモアゼルだった。自分は有害なのに、他人の無害さを認識できなかったばかりか、人を傷つけても構わない性格だった。母親はマドモアゼルの意見に異論を唱えていたが、あまりにうるさいので、彼女を子どもたちに同伴させざるを得なくなった。これは双方にとって恐ろしいことになった。せめてもの救いだったのは、マドモアゼルが馬に乗れなかったことだ。マッサは日陰がなく、暑かった。それでも彼女は子どもたちについていった。赤いコットンのパラソルの陰になるようマルタの馬車に体を押し込めながら、子どもたちの前を行ったり来たりして、その表情や会話を監視した。

彼女にはあまり関心のないことに違いなかった。マリーは馬をおとなしくさせながら、赤い日除けにすっぽりと入った彼女が間もなく本に没頭するだろうと予告した。彼女はあまりに遠くにいたため、馬でそばを疾走してパラソルを揺らすことができなかったのは、とても残念だった。我慢がならなかったのは、彼女の不快な声がエデンの園に響き渡った時だ。学業は自由を阻害するものでしかなく、彼女らの人生設計に、何ら役に立つものではなかった。

最初の年はマドモアゼルがギリシャ神話の地獄の番犬ケルベルスと名付けられた教室で授業を担当した。マドモアゼルは二年目に入って、病気と雇い主に対する忠誠心が欠如しているとして、ドイツの女性と交代した。彼女はかなり若く、良家の出身で、一見魅力的に見えた。でも、彼女はマリーたちの生活の楽しい部分には何ら貢献しなかった。彼女はママのお気に入りになった。ママは信頼を置く相手を間違えてしまったのだ。

時代は古い権威が終わりをつげ、新しい権威がまだ確立されていない素晴らしい空白期間だった。これこそまさにマリーとダッキーが好き勝手できる至福の時代だった。マリーたちの教室の素晴らしかった部分にも言及しなければならない。それはバトラー女史による音楽の時間だった。彼女は週に三回レッスンをした。バトラー女史はイギリス生まれだったが、その名が示すように何年もたつうちにマルタ人になっていた。彼女のドレスは南らしいエレガントなものだった。明るい色と羽飾りが彼女の衣装の大きな特徴だった。彼女は太っていて音楽的な素養がない三姉妹に対して寛大だった。彼女は三姉妹とあまりに仲が良かったので、厳しい先生になるのを放棄していたかのように思えた。時代は先生と生徒の固定的な上下関係を壊す方向に進んでいた。三姉妹が結婚した後もバトラー女史との友情は続いた。

姉妹を支配したHMSサプライズ号艇長

マリーにとってマルタの男友達の中で、特別な二人がいた。一人はモーリス・バーク

(Maurice Bourke) で、彼はエディンバラ公のヨットHMSサプライズ号の艇長だった。バークはアイルランドの貴族で保守党の政治家の息子として生まれ、十四歳で海軍に入り、艇長になったのは二十歳代、当時三十歳前後だった。彼は黒いウェーブのかかった髪で青い目をしたユーモアに富んだアイルランド人だった。彼は大公妃を取り巻く口やかましい女侍従たちとは対照的に、健康的な印象の男性だった。マリーたちは彼を本当に愛していた。彼は幼い少女たちを夢中にさせるあらゆる要素を持っていた。心が広く、優しく、純粋な紳士だった。人間味をもって隣人の良いところを認め、悪くても許していた。マリーたちにとってバーク艇長はとてつもない威厳をもっていたので、争いようのない忠誠心を抱かせた。マリーたちは彼のためなら、火も水も恐れなかった。彼はマリーたちに言うことを聞かせ服従させた。彼の言葉は魔法だった。あらゆる反抗は艇長に鎮圧された。彼はいかなる規則にもマリーたちを従わせ、マリーたちが最も激しく抵抗する事柄でも受け入れさせた。

こんな悲喜劇的なことを覚えている。マリーたちがスカートの丈を長くするということに反抗した時もバーク艇長が送り込まれた。危険と罠のにおいがした。マリーたちは大人になりたくなかった。それまでの人生があまりに素晴らしかったからだ。いかなる変化も素晴らしい自由と独立を侵すと思い込んでいた。マリーたちは無意識ながら、過去には戻れないことはわかっていた。スカートの丈を長くすることは、マリーたちの野性的な生き方に対する一種の制限の兆しだった。それは行動を制限して、鎖につなぎとめることだった。マリーたちはこのことに全力で抵抗する準備をした。反抗心が生まれたとき、それは鉄の団結になった。母は考え抜いた末、マリーたちを説得するため、マリーたちが愛する艇長を送り込んだ。悪賢い動きだった。代わりの人はいなかった。艇長がどうやって説得し、あるいは服従するようだましたか、彼はその日のうちに目的を達し、それからはマリーたちは足の長さが伸びるにしたがって、数インチずつ長いスカートをはかなければならなくなった。反乱が起きるたびに艇長が説得役になり、マリーたちは彼を愛していたがゆえに彼は少女たちから難しい譲歩を勝ち取ったのだ。彼は長い航海に出ると必ず長い興味深い手紙を書いてくれた。もちろんマリーたちはきちんと返事をした。こうした文通はずっと続いた。それはずっと後に彼が死ぬまで続いた。彼の死は愛する者にとっては早すぎたが。

ＨＭＳサプライズは司令官専属のヨットだった。母親もたびたびヨットに乗って父親の艦隊の航海について行き、地中海沿岸の様々なところを訪問した。

ＨＭＳヴィクトリア号の喪失

バーク艇長独特のユーモアで将来の自身の自画像を描いたことがある。年老いた赤ら顔の提督で巻き毛の白髪で陽気そうな笑顔を作っていた。残念ながら彼は提督にはなれなかった。彼は五十歳を前に地中海艦隊の旗艦の戦艦ＨＭＳヴィクトリア号の艦長となったが、海軍生活の後半はヴィクトリア号の沈没という恐ろしい災難で暗く彩られてしまった。ヴィクトリア号は地中海艦隊司令長官のトライアン中将が坐乗し、第一戦隊旗艦としてシリアの都市トリポリ沖で演習中、第二戦隊の旗艦戦艦キャンパーダウン号と衝突沈没、トライアン中将をはじめ三五八人が犠牲になる大事故になった。マリーはその知らせが届いた時のことをよく覚えている。マリーが結婚して数か月、慣れない異国の地で奮闘している真っ最中だった。母がヴィクトリア号の沈没を電報で知らせてきた。しかし神のご加護のおかげでバーク艦長は無事だった。衝撃は大きかったが、偉大な友人、姉妹たちの大事な艦長が無事だったことにうれし涙した。バーク艦長は軍法会議で無罪放免になる。彼は海軍大将にはなれなかったが、やがて海軍大臣になる。

マリーは後に「正直に言うと彼が初恋の人だった。彼は私にとってヒーローだった。彼が妹たちのだれかの面倒を見ると、嫉妬を感じたほどだった」と認めている。

いとこのジョージ

もう一人の男友達はやがてジョージ五世国王となるいとこのジョージだった。当時、彼はデューク公とは呼ばれずに、単にジョージ皇太子と呼ばれていた。彼はマリーより十歳年上だったが、当時はとても若く、マリーたちの仲間の中で大人という部類に入らなかった。彼の背はそれほど高くなかったが、ひげを生やしエネルギッシュで父親の部下としてマルタ艦隊の大尉だった。両親とも彼を好んでおり、彼はサン・アントニオ宮殿に自分の部屋を持ち、エディンバラ公の娘たち、とりわけマリーと親しかった。彼の母親は伝統を無視しがちなエディンバラ公の娘たちが彼に影響を及ぼすのを心配しており、彼の姉妹たちもエディンバラの娘たちを「かわいそうな」と言ったりしていた。だがジョージはエディンバラの家族といると心から楽しかった。エディンバラ公も自分の子どもにはあまり関心がなかったが、甥っ子とは慣れ親しんでいた。大公妃も同じだった。ジョージは日記の中で、叔父は親切で誠実、率直、親身になってくれたと書いている。また、大公妃のことを後になって、第二の母親だったと述懐している。

いとこのジョージは最愛の友だった。明らかにマリーの好みだった。ジョージといるだけで楽しかった。邪気のない楽しさだった。彼はよく背の高い二輪の馬車をクッキーという馬にひかせて出かけた。三人のうちの一人がジョージの隣に坐り、残りの二人は後ろの席に跪《ひざまず》いて乗った。いとこのジョージとの乗馬はこの上なく楽しかった。彼はリアル・ジャムという美しい艶のある鹿毛《かげ》の馬を持っていた。マルタでは友人が持つ馬に関心があった。馬は生活の一部で家族であったからだ。リアル・ジャムは完璧な生き物で、彼がマルタを去る時、ロンドン北東部のイギリス王室の広大な別邸サンドリンガム・ハウスにその馬を連れて帰ったほどだ。可能なときは土曜のピクニックにジョージはいつも参加した。ジョージは「愛しの三人」が自分といると、おしとやかになり、羽目を外さなくなることを好んでいた。

母親のしつけ

母親は親しい友人のメアリーとその子どもたちも誘って、馬車で島の遠いところにお茶をしに行ったことがある。とても美しい太陽が降り注ぐ日だった。ママは遠出して知らない入江を見つけるのが好きだった。目的地に着いて、波打ち際への下り坂は急な傾斜だった。馬で行くには危険なので、馬を下りて徒歩で下った。帰りの一番急な場所で母親は繊細で疲れやすいメアリーにトミーに乗るよう勧めた。

トミーは頑丈な小さな馬でメアリーの様な痩せた夫人はやすやすと乗せることができた。マリーたちにとって馬は神聖なものだった。マリーたちは愚かにもメアリーに嫉妬し、誰もマリーたちや厩舎の人以外、自分たちの馬に乗ることを許せなかった。子どもたちは大きな声で、かわいそうなトミーは大人を乗せることができないと抗議したのだ。

母親は無作法な娘たちを恥じて、その訴えを退け、動揺しているメアリーにトミーに乗るよう説得した。母親に続いて丘を登っているあいだ中、娘たちの怒りは続いた。トミーがメアリーを乗せていることに対して、脇を歩いている娘たちが恨みごとを言った。丘の上に到着して、トミーはメアリーを降ろし、本来の飼い主のもとに戻り、子どもたちは再び乗馬した。

母親は悪さをした娘たちに懲らしめの態度を示すため、帰り道は一言も発さず、娘たちを振り向くこともなかった。これは子どもたちの感情に火を注ぐようなものだった。三人は神に見捨てられた小さな野蛮人のように馬にすがって涙にくれた、彼女たちは馬車を追って全力疾走で駆けた。下唇を突き出して怒りのうなり声をあげた。少ない語彙の中であらん限りの悪口をメアリーの背中に向けて投げかけた。馬車に乗った二人の貴婦人は、威厳を示すかのように追いすがる子どもを無視し続けた。

帰宅した後、メアリーは自分に浴びせられた言葉に傷ついて部屋に閉じこもってしまった。彼女の部屋の入り口では、母親がまるで炎を上げて燃える剣を持った天使のように立ち尽くしていた。母親は許さなかった。彼女は神に許しを求めるように、娘たちを自分の子どもと呼ぶことが恥ずかしいと言った。

マリーたち三人は母親の寝室から着替えの間につながる小さな階段のところで、三つの惨めな塊になって、顔を汚れた絨毯に向けていた。せっかんは言葉だけではなかった、怒った両親はまさに効果的な罰を加えた。子どもたちの馬が厩舎からまるまる一週間、消えてしまったのだ。娘たちの恥ずべき行為は、馬が預けられていた厩舎ディッチにも伝えられていた。ディッチ（水路）と呼ばれたのは町を囲む大きな堀のことだ。

こんな時には、いとこのジョージはとても優しかった。彼は心底、三人をかわいそうだと思っていた、もちろん彼はマリーたちがしたことを認めていたわけではないが。屈辱を受けた頭を彼の肩に預け、心をさらけ出して泣いた。顔は金色の髪に隠れていたはずだ。こんな時に自分のハンカチは探すことができないので、いとこのハンカチは大歓迎だった。「かわいそうなマリー」とジョージは言った。マリーはいとこが何と素敵なのだろうと思った。

エディンバラの姉妹三人を制御できるのはジョージだけだった。マリーはジョージのことを最愛の仲間と呼んでいたが、ジョージは三人のことを「いとしい三人」と呼んでいた。ジョージのお気に入りは間違いなくマリーだったし、マリー自身も愛されていると思っていた。マリーとジョージはいとこ同士で、幼な馴染だった。特に近しく恋愛関係でもあったため、ジョージは結婚が自然の成り行きで、彼女が十五、六歳の適齢期になるのを待って、結婚できるものと思っていた。彼が航海に出ると必ず熱心に手紙のやり取りをした。一九八八年にイギリスに戻った際には「僕は君の手紙を他人には絶対に見せない。君も僕の手紙を見せないでね」と二人だけの秘密を共有しようとしている。手紙には「会いたくて死にそうだ。愛しのマリー。いつも心から離れない」などと書いている。マリーが十四歳、ジョージが二十四歳の時、一八八九年十月には「愛らしい小さな顔」宛に手紙で「とっても大きなキス」を送っている。ジョージは明らかにマリーが結婚適齢期になるのを待ち焦がれていた。英王室の誰もが二人は結婚するものと思っていたし、ヴィクトリア女王ですらジョージがマリーと結婚することを熱望していた。

マリーの子ども時代は必然的に彼女をおてんば娘にして、個人的自由を何よりも大事にする気持ちを植え付けていった。それを生涯、放棄することはなかった。それはまた彼女のロマンチックな想像力も育み、たとえば白馬に乗った美しい王子といつまでも幸せに暮らす物語などで頭の中がいっぱいになっていた。このこと、つまり彼女の結婚に対する無垢な姿勢が、母親と同じようにマリーの中に男性を讃美する観念を育んでいった。彼女は男たちを勇ましく高潔な騎士としてとらえ、常に偉大な心の友として求め、野蛮さとは無関係な震えるような熱情を求めていた。

彼女にまつわる数々のなまめかしい出来事は、マリーにとってごく自然な誘惑の結果であり、心を乱すことなくいとも簡単に、恋愛したり失恋したりすることが、できるようになった。

第3章　コーブルク

コーブルクへの移住

一八八九年、エディンバラ公一家は三年を過ごしたマルタを去る。公が継承することになったドイツの小さな公爵領コーブルクに移住する。コーブルクは今のドイツ、バイエルン州北部の風光明媚な都市。そこそこ豊かで、不平もなく、公爵家への忠誠心が高い公国だった。コーブルクはヴィクトリア女王の夫アルバートの家系で、ドイツの名門ザクセン家の家系。

コーブルクの領主エルンスト二世は子を得ず、公位の継承権は弟アルバート（ヴィクトリア女王の夫）の長男であるイギリス皇太子アルバート・エドワード（エドワード七世英国王）に渡ったが、エドワードは弟（アルバートの次男）エディンバラ公アルフレッドに公位を譲ったため、一家そろって移住したのだ。コーブルクは魅力のある町だった。おとぎ話のような環境での生活は思春期のマリーにとって、この上ない場所だった。十三歳から十七歳までの多感な青春時代を過ごしたコーブルクの生活は素朴でおおらかなものだったが、人生の岐路に向けての準備のときだった。

一家はコーブルク市街地のシュロス・プラッツ（城・広場）を見渡すエディンバラ宮殿に居を構えた。正式な公爵邸はエディンバラ宮殿の向かいにあるエーレンブルク宮殿だったが、そこに住んだことはなかった。エディンバラ宮殿は、特定の建築様式というものがなく、温かみがあり、室内の広さにゆとりがあった。プラッツは街の催しものの中心でもあり、日曜になると人々が着飾って集まる中、楽隊や教会のパレードが賑やかに練り歩く場所だった。平日の日中は遊びに夢中な子どもたちの歓声が、宮殿の奥の部屋にもこだましていた。マリーはエディンバラ宮殿を思い出すたびに、子どもたちの歓声が耳にこだました。

一家の楽しみは木曜日と日曜日の週二回のコーブルク劇場での観劇。劇場は宮廷劇場で運営は公爵家の宮廷費で賄われたが、オペラだけではなく、オペレッタ、悲喜劇、古典演劇と様々な演目を鑑賞することができ、子どもながらシラー、ゲーテ、シェークスピア、ワグナー、ビゼー、モーツァルトを楽しんだ。子どもたちはコメディよりオペラ、悲劇、クラシックを好んだが、母親は逆にコメディを好み、心から笑っていた。

マリーのお気に入りは市街地の北のはずれにあるローゼナウ城だった。丘の上に立つ控えめな城だった。輝くような明るい黄土色、ゴシック様式の壁面、階段状の屋根には金属窓がちりばめるように配置されていた。城の一角には、螺旋状の階段のある塔があり、庭園とその向こうに広がる村落や畑を望むことができた。

塔の最上階には「眠れる森の美女」が紡ぎ車の錘で指を刺した場面を彷彿とさせる部屋があった。大公妃はマリーら三姉妹にこの部屋を与え、自分たちの好みで調度することを許した。マリーと妹のヴィクトリア、アレクサンドラの年長の三姉妹は十代半ばで、思春期真っただ中であり、いつ結婚の話があってもおかしくない年回りだった。部屋には三つの窓があり、姉妹はそれぞれ窓の一つを自分のものとし、仕切りはなかったが、専用の部屋にした。マリーは「自分の部屋」を、南ドイツ、ババリアの鄙びたものからビザンティンの華美なものまで幅広い装飾の家具で調度した。これをきっかけに生まれた、マリーの室内装飾に対する情熱は生涯、衰えることがなかった。

王族の家庭教師

当時の英王族は学校教育を受けることはなく、幼少のころから英語はもちろん、フランス語やドイツ語を母国語とする家庭教師がつけられ、勉学、道徳をはじめ生活のあらゆる分野を指導（しつけ）された。家庭教師は子どもたちの人生観を支配しようとして、衝突することがあった。コーブルクでの「眠れる森の美女」の悪役である魔法使いはドイツ人家庭教師、トゥルーフセス女史だった。マリーらは未婚女性に対するドイツ語の敬称、「フロイライン」と呼んでいた。話し方もソフトで初対面ではマルタのマドモアゼルより期待ができた。一見しただけで彼女が平気でうそをつく人物と見破ることはできない。まるで無邪気な少女のように罪のない作り話を母親にした。絹織物のような滑らかな話し方で他人を貶めることができた。間もなく、彼女は教育効果を上げるには、子どもたちの服装を質素にする必要があると説得し、絹の下着や寝間着は粗い木綿の生地のものに替えられた。フロイラインは同じドイツ人家庭教師ドクター、ウィルヘルム・ロルフとやがて結婚する仲だった。ロルフはその知性で母親を信頼させた。しかし、マリーに言わせればロルフは悪い意味でドイツ文化の産物だった。ロルフは傲慢で、自尊心が高く、子どもたちを支配し、素晴らしいものを嘲った。フロイラインと同じように英国を嫌い、英国愛を根絶して子どもたちをドイツ人にしようとしたが、マリーのしつけは思い通りにならなかった。ロルフはマリーの兄のアルフレッドを九歳から指導してきたが、父親のコーブルク大公の後継者として、ドイツ人として育てることに喜びを感じていた。マリーは兄に対するロルフの仕打ちに激怒していた。アルフレッドはロルフの教育がなくても、内気な性格だったが、ロルフは人前でもアルフレッドを嘲けるのを好み、ロルフの無神経さは若いアルフレッドの人格を破壊する一因になった。父親はマリーと同じくらい、ロルフもフロイラインも嫌っていたが、マリーがコーブルクで過ごした思春期の四年間、二人をやめさせるよう母親を説得することはできなかった。ロルフの存在はやがて、マリーの家族に悲劇をもたらすことになる。

ジョージの結婚申し込み

若いころマリーはヨーロッパ王室への嫁入りにふさわしい王女だと思われていた。当時のイギリス王族は、誰しもマリーがジョージ王子に嫁ぐに違いないと信じていた。祖母のヴィクトリア女王も、彼に当時十五歳だったブロンドのいとこと結婚するよう勧めていたが、ジョージは女王あてに、マリーは結婚するには若すぎると自制的な手紙を書いている。マリーとジョージの父親同士はこの結婚を認めたが、母親たちは違った。マリーの母親はいつものように別の考えを持っていた。彼女はイギリスや義理の親族たちを嫌っていたし、娘を使って自分が将来のイギリス国王の配偶者の母親になるという系図を描きたいという意図は全くなかった。決定的だったのは、いとこ同士の結婚はロシア正教でタブーだったことだ。たとえヴィクトリア女王と夫のアルバートの例に代表されるいとこ同士の結婚が成功で健康的なものであったとしてもだった。

一方、ジョージ王子の母親のウェールズ皇妃アレックスはマリーのドイツ風のしつけを快く思っていなかった。特にドイツ風の強いアクセントの英語を不快に思っていた。皇妃は父親のデンマーク国王クリスチャン九世が統治する王国が一八六四年の第二次デンマーク戦争で、プロシア・オーストリア連合軍に敗れ、ドイツ系住民が多いシュレスヴィヒとホルシュタインの両公国を奪われ、出自のデンマークが小国への道を決定づけられたことから、何かにつけドイツを毛嫌いしていた。一方でジョージの母親は何かにつけ、ジョージへの手紙で、マリーは幼く、結婚には早すぎると牽制していた。

その時代、若い王女が自分の身の上のことを決めるのは不可能だったし、結婚については本人に知らされないまま進められることが多かった。ジョージは、彼女が十六歳になるのを待ちきれないかのように一九八一年一月、マリーに手紙を書く。その時、ジョージはライバル、マリーの結婚相手はいとこでロシアの求婚者ゲオルギー・ミハイロビッチ大公だと思い込んでいた。それを妨げるのが手紙の狙いだった。「マリーが年齢に達したら、私たち二人はいつか結婚することを考えている」と書いた。マリーからの返事は、母親が口述したものだった。

ジョージのことは大好きです。私たちの友情はマルタで生まれたものだが、何も将来を約束したものではない。

と、結婚することはできないとほのめかした。ジョージは、ひどく心を乱してしまった。マリーは優しい心を持っていたので、自分は傷ついても、誰かが傷つくことは望まなかった。母親の介入で、より感じやすい若いジョージが自分と同じように傷ついてしまったのは間違いなかった。

マリーが結婚してもおかしくない十六歳に達し、母親はジョージからの正式なプロポーズが避けられないものと思っていた。その折、一八九一年秋に母親お気に入りの弟パウロ（パーヴェル・アレクサンドロヴィッチ）大公の妻アレックス（アレクサンドラ）が第二子を早産した直後、急逝した。パウロはギリシャ王の長女アレクサンドラと結婚したばかりで、若夫婦はコーブルクを訪れたばかりだった。静かなエディンバラ一家を一挙に明るくする朗らかな若夫婦だった。母親はマリーと妹のダッキーを伴って、葬儀に参列するため帝都サンクトペテルブルグに向かった。

母親にはパウロを慰めたいという気持ちもあったが、その一方で、マリーを少しでもイギリスから遠ざけようという意図があった。アレックスの棺は歴代皇帝らが眠るペトロパヴロフスク聖堂に安置された。背は高いが、兄弟に比べひ弱そうで、やせたパウロ叔父さんが棺に覆い被さって嘆いている姿をマリーはいつまでも覚えていた。

ロシア・ロマノフ家の葬儀はヨーロッパ中に散らばった家族が一堂に会する場でもあった。ダッキーは、この葬儀で同い年のいとこ、キリル大公と運命の出会いをする。キリル大公はアレクサンドル二世の二男の長男、つまり母親の兄の息子だった。二人は恋に落ちた。この恋は、やがて英独露王室を巻き込んだ醜聞に発展し、十数年後に実を結ぶことになる。

マリーの母親の思惑をよそに、ヴィクトリア女王とジョージの父親は二人を結婚させようとした。一八九二年に入って、ジョージの将来は意外な変化を遂げる。彼の兄がインフルエンザにかかり一月十四日、肺炎で亡くなってしまう。ジョージが大英帝国の皇位継承者になったのだ。ウェールズ大公夫妻はジョージに代わってエディンバラ家に結婚の申し込みをする。しかしマリーの母親は「彼女はドイツのプロテスタントの信者になる堅信礼を受けたばかりで、今更、英国教会に戻すことは考えられない」ときっぱりと拒絶する。英国王の妻は英国教会に所属していなければならないからだ。しかし、後になってマリーは英国教徒としてルーマニア皇太子フェルディナンドと結婚しており、この返事は母親の作り話だったのかもしれない。後にジョージと会った際、マリーは一緒に過ごした日々を思い出して、悲しくなったと告白している。

フェルディナンドとの出会い

マリーの母親は、適齢期になりつつある自分の娘の将来をヴィクトリア女王の思い通り、英王室に捧げないよう心に誓っていた。母親はコーブルクへの移住を、イギリス王室の影響を受けずにマリーの嫁ぎ先を決めることができるチャンスだと考えていた。マリーが結婚にふさわしい人を見つける前に、マリーの母親はルーマニアのフェルディナンドを見出し、着々と準備を進めていた。彼女は娘をルーマニアの将来の国王に嫁がせることは、自分の出身であるロマノフ家にとって、ロシアの勢力を、ホーエンツォレルン家ばかりでなく、バルカンに伸ばすことにつながると思っていた。母親にすれば、自分に敬意を払わなかったイギリス王室に対する最後の復讐だった。

フェルディナンドは一八六五年八月二十四日に生まれた。彼の父親はホーエンツォレルン・ジグマリンゲン家のレオポルド王子、母親はポルトガル皇女のアントニオ王女だった。ルーマニア国王のカロルは同じジグマリンゲン家の叔父で、第一子の王女を一八七四年に失い、世継ぎがなかった。一八八九年にフェルディナンドはカロルの養子になり、ルーマニアの皇太子になってドイツを去る。それより前、一八七七年にルーマニアはトルコから独立を宣言、ホーエンツォレルン・ジグマリンゲンから招かれたカール皇太子がカロル一世として即位しルーマニア王国が誕生したばかりだった。

マリーは母親に連れられてフェルディナンドに会うためカッセルに向かう。表向きは十六歳のマリーを社交界にデビューさせるという名目だった。マリーのお披露目の晩餐会は当時のドイツ国王でいとこのウィルヘルム二世が催し、マリーの隣りに坐ったのがフェルディナンドだった。これも母親が偶然を装ってアレンジしたものだった。マリーはお見合いの席だとは言われていなかったが、フェルディナンドには分かっていた。二十七歳のフェルディナンドはハンサムではあったが、ぱっとしない服装で臆病、想像力に欠け、好印象を与えるような人物ではなかった。

マリーの母親が、彼を将来の義理の息子にと考え始めたほんの少し前に、フェルディナンドはいかにやすやすと黙らされてしまうかという性格的な弱みを見せていた。彼は義母のエリザベタ王妃の侍女で、ルーマニア人のヘレーネ・ヴァカレスクとの結婚を考えていた。しかし、カロルは許さなかった、表面上、フェルディナンドにとっての選択はヘレーネを取るか王位を取るかという二者択一だった。彼はあまりにもカロルを恐れていたから、ヘレーネを選ぶことでカロルを怒らせたくなかったのだ。

母親は一八九二年の春、マリーがフェルディナンドのエスコートでミュンヘンに行くようせっついた。母親はマリーがピクニックや、美術鑑賞、観劇、買い物など、いつでもフェルディナンドと一緒にいる機会を作ろうとした。マリーは「ミュンヘンは遊ぶに楽しい街だった。とりわけ若い二人にとって。春であり、二人の間には愛が芽生えていた。母は幸せそうだった」と書いている。

マリーは幼いころから父親や女王に対する母親の愚痴を聞かされてきたので、フェルディナンドとの交際は母親を喜ばせるまたとない機会に思えた。母親は急に活気づき熱心になった。母親が描く宮廷のあるべき姿がロシアなら、ルーマニアがそれに近いものに思えたのだろう。フェルディナンドは人見知りで、おどおどしているところも、母親の好みだった。マリーに「彼に安らぎを与えることが貴方の務めよ。貴方の母性を求めているの」と勧めた。

ポツダムの新宮殿でプロポーズがあった。母親は見るからに幸せそうだった。フェルディナンドのどこにそんな勇気があったのか、多分親しかったいとこがけしかけたのだろう。彼は結婚を申し込み、マリーは受け入れ、「イエス」とのみ答えた。その一言が自然で簡潔だった。これがマリーの運命を決めたのだ。

母親は勝ち誇ってヨーロッパ中の親戚に電報を打ったが、反応は芳しいものではなかった。ヴィクトリア女王は孫娘の一人に「婚約を聞いて驚いた。皇太子は好感が持てるし、両親も魅力的だが、ルーマニアは不安定で、社会は動揺しており、首都のブカレストは不道徳だ。マリーが十七歳になるまでは、まだしばし時間がある」と破談をにおわす手紙を書き送っている。マリーの妹のダッキーに宛てた手紙には「マリーの婚約には驚かされた。こんなに急いで婚約するなんて。ルーマニアは不安定で、まだ子どもで経験もないマリーがかわいそうだ。マリーはジョージと一緒にならないのね。ジョージとの結婚はアフィー（父親）の夢だったのに」と悔やんでいる。ケンブリッジ大公の女官で当時の英王室について辛辣な宮廷日誌を残しているジェラルディン・サマーセット女史は「あんなに可愛い少女をルーマニアのような野蛮な国に送り出すなんて、なんて残酷なこと」と記している。

このような巡り合わせの悪い結婚に反対したのはカロル一世国王の妻で、カルメン・シルバの筆名で知られる詩人、小説家のエリザベタ王妃だった、エリザベタは、マリーがルーマニアばかりか、どこでも会ったことのない特異な性格の持ち主だった。

奇行は手がつけられないほど進み、彼女は霊感主義や空中浮遊、信仰治療に手を出し、フェルディナンドの恋人ヘレーネを一八七四年四歳で亡くしたたった一人の娘の生まれ変わりだと信じていた。エリザベタは子どものために終生喪に服し、大げさな詩で追悼し、シナイアの山の宮殿の近くのモミの木に向かってバイオリンを奏でながら、たっぷりとした白い服とベールで身を包んでさまよい歩くことに自身を捧げていた。

カロルがフェルディナンドとヘレーネを結び付ける計画をぶち壊しにした際、エリザベタは彼女らしい突拍子もない行動に出た。彼女はヘレーネを連れてルーマニアを出て三年もの間、帰ってこなかった。しかしながら、彼女のよく知られた異常さのおかげで、カロルはヴィクトリア女王にヘレーネはエリザベタが創作した空想の産物以外の何者でもないことを説き、分かってもらうことができた。ヴィクトリア女王は孫のマリーが別の女性と恋愛している男と縁組みすることに不安を抱いていたが、カロルを信ずることにした。

父親の涙

一九世紀の英王室生活のつらい一面は王室間の結婚に伴う家族との別れだった。王女たちは決まりのようにヨーロッパの宮廷にきらびやかに追放され、イギリスから遠い地で外国人の夫との間の外国人の子どもを養育しなければならなかった。結婚の代償はホームシックや孤独、孤立だった。多くの王女は若くして結婚したため、両親は自分たちが正しい選択をしたかどうか不安や疑問にさいなまれた。

マリーの祖父のアルバート公が長女のヴィッキーを十八歳のときにプロシア皇太子に嫁がせた際、不安やおののきに襲われたように、三五年後にはマリーの父親のアルフレッドもマリーの結婚で同じ思いをしている。アルフレッドは娘のマリーがルーマニアの将来の国王と結婚するときに涙にくれた。アルバートもアルフレッドも感傷的な場面で落ち込むような柔な男ではなかった。逆に二人とも精神的に強く世知にたけていた。しかし、アルフレッドの涙には、ルーマニア宮廷のしきたりの陰で、混乱、陰謀、陰口、嫉妬という敵対的な環境の中に、自分の娘を送り込むことに恐れを抱いたからだ。そればかりか、ルーマニアは一世紀前まで、月ほども遠いところだった。三〇年前にようやくオスマントルコ帝国の宗主下の自治国として建国されたばかり。後進的で文明化されておらず、文盲の迷信深い農民とロマ(ジプシー)が住み、汚職、不道徳、半ば東洋的な野蛮さに彩られた国だった。

ロシア、トルコ、ギリシャは何世紀もの間、ルーマニアを戦場としてしか見ていなかった。カロル一世国王の一七年間、厳しい統制のもと近代化がすすめられたが、基本的には不安定で、脆弱なまま置かれていた。カロルとその甥、後継者のフェルディナンドは、ルーマニア貴族たちからは少なくともホーエンツォレルルン家の一部と見なされていた。あたかもゲルマンを起源とするハノーヴァー朝の英王室が、マリーのいとこであるウィルヘルム皇帝に率いられたホーエンツォレルン王家に属しているようなものだった。

第二部　運命の出会い

第4章　結婚

結婚式

マリー王女はルーマニア国王カロル一世の甥のフェルディナンドと一八九三年一月十日に南ドイツのジグマリンゲンで結婚した。花嫁は十七歳、夫は十歳年上だった。ルーマニア国王のカロルとフェルディナンド皇太子はホーエンツォレルン・ジグマリンゲン家の出身。一六三〇年にルネサンス様式で建造されたドナウ川を望む美しいジグマリンゲン城が式場になった。ヴィクトリア女王は、すべての孫娘がそうしたように、ロンドンのセントジョージ教会で式が行われることを望んだ。一方、フェルディナンド側のカトリックは、新教徒と結婚すること

フェルディナンド

自体が問題で、ローマ教皇のご機嫌を取るのに数か月かかった。その妥協の産物として、結婚式は二度に分けて執り行われ、フェルディナンドの信仰であるカトリックによる儀式がメインのイベントになり、時間も長かった。単調なラテン語の詠唱は、逆にマリーの不安を癒す効果をもたらした。また英国国教会の儀式は先祖代々の肖像画などがかけられたホールに付属した小さな控室で、英海軍の牧師が執り行った。マリーが結婚した時、ルーマニアは、トルコ帝国からの独立を宣言してわずか一五年しか経っていなかった。カロル一世国王らの帰属感がドイツにあったことは明らかだった。

フェルディナンドの侍従たちはマリーのために美しいロマンチックな国土、映像的に美しい村々、将来の女王として愛し賞讃するためマリーを待っている人々の写真を撮って送ってきた。しかしマリーは相変わらずナイーブで純粋だったので結婚に対する期待を持ってはいたが、本能的にフェルディナンドを信じることができなかった。フェルディナンドが彼女自身に期待する役割や自分の父親が抱いている疑念には気が付いていた。

疑問が確信に変わるのにそう時間はかからなかった。マリーはフェルディナンドとともに舞台にあがっているような状態でルーマニアの首都ブカレストに到着した。歓迎を受けているうちに幾分、落ち着くことができた。楽隊の演奏、祝砲、群衆の歓迎、花束や花、接吻の雨が大英帝国の女王とロシア帝国の皇帝の美しい孫娘に注がれた。ルーマニアの王位には著しく欠けていた威光を、花嫁はもたらしてくれるだろう。

祝賀が終わりマリーはフェルディナンドとともにカロル王の城にある部屋に戻ったが、マリーはたった一つの慰め、彼女が自宅から持ち込んだ小間物入れに熱中することができた。そこには子どもが大好きな宝物、思い出の品々が入っていた。たとえば父のコーブルク大公のロゼナウ城の写真や大好きな仔馬のシッポの一部、イギリスのいとこのジョージとピクニックに行って、いちゃついたマルタやヴェニスの思い出の品々、ジョージがマリーに贈った水晶の時計、そこには一八九一年のクリスマスに「愛しいミッシー」というマリーのニックネームが刻印されていた。マリーはこの箱と感傷的な中身だけが、ルーマニアで彼女が持つ全財産であることに気がついた。そのほかの全てはカロル一世国王に乗っ取られてしまった。恐ろしいほど装飾された貧弱な家具が備え付けられた新婚の二人の部屋はカロルが作ったものだった。

幻滅

交際を断ち、社交をさせないのがカロルの新婚生活に対する考え方だった。フェルディナンドを意のままに操ることに慣れていたカロルはマリーにも同じことができ、乗馬など大好きな活動を禁ずることが出来るものと思い込んでいた。カロルのルーマニア王家は、夏の間、酷暑のブカレストを離れ、北西に一二〇キロ余り離れたカルパチア山脈の麓の避暑地シナイアで過ごした。ペレシュ城はカロル一世が一八七五年から一〇年近くをかけて、夏の離宮として建造したネオルネサンス様式の美しい城だったが、調度は浅い年代に作られたものばかりで、マリーの好みではなかった。シナイアは一七世紀、イスラエルの聖地シナイ山の巡礼者が帰国して、地名を冠した僧院を作ったことから、この地の名前になった。パリからトルコのイスタンブールを結ぶオリエント急行の停車駅でもある。標高は八〇〇メートル、気温はブカレストより数度低く、夏はブカレストの外交団ばかりでなく、ヨーロッパ王族の避暑地としてにぎわった。カロル一世は夏の間、彼女がブカレストに出かけることを拒否し、住民とすら接触させないようにした。

国王はただ固いだけではなかった。彼には子どもがいなかったので、若い人が何を欲しているのか理解できなかっただけである。マリーに何とか楽しみを与えたいとは思っていたが、国王の選択には限界があった。宮廷の官僚たちの妻たちを招いたお茶会やブカレストの砦へのツアー、男子や女子の修道院の訪問だが、十七歳の少女を悦ばす類いのものではなかった。

長男の誕生

一八九三年、マリーは結婚して二週間で自分が妊娠したことを知った。最初マリーは自分が怒りっぽく、閉じ込められたような感じがした。マリーは自分のルーマニアでの役割は後継者を提供することだとわかって、幾分辱められたような気がした。出産が近づいたときに論争があった。出産にはヴィクトリア女王、エディンバラ公妃、イギリスの外科医プレイファー医師が立ち会うことになっていたが、痛みを和らげるクロロフォルムの使用をめぐる論争があった。プレイファー医師が使用を勧めたのに対し、教会の権威者とルーマニアの医師はこれに反対した。結局、クロロフォルムは使われ、一八九三年十月十五日（満十八歳になる直前）、日曜日の朝、マリーは男の子を出産。偉大な叔父、ルーマニア国王の名にちなんでカロルと名付けられた。マリーはカロルが自分の子というより、国民の財産であると思っていることに気づいた。カロル一世国王は子どもの両親に相談することもなく、赤ん坊のために乳母をはじめ、執事や召使、看護のメイドらとりまきを選び、後には教育係なども勝手に選んだ。マリーにとっては家族の中にカロルの悪質なスパイがいるようなものだった。彼女は監視の対象だった。イギリスの王女たちは嫁ぎ先の国へ進歩的とりわけ民主的な影響をもたらすという評判が広がっており、嫁ぎ先はそのことを恐れていた。カロルは自分一人の手で王国を作り上げてきたので、自分の仕事を自由主義的な考えを持った生意気な小娘に邪魔させるつもりは全くなかった。しかし、カロル一世国王が心配するには及ばなかった。マリーは、幼く知的な影響力はなかったし、進歩的な教育を受けたというほどではなかった。

マリーは言うまでもなく極めて不愉快になってきた。フェルディナンドは何の助けにもならなかった。数少ない共通の関心は、写真と花くらいで、二人にとって強い絆を築くようなものではなかった。単にカロル一世国王の付属品になるよりも、自由を熱望する心情をなだめるには、自分の子どもたちを自分たちの力で養育するだけでは十分ではなかった。

マリーが自由への愛を押し殺すことができなくなるまで数年がたってしまった。やがて国王の管理を突き崩し始めた。カロルは彼女に乗馬を禁じていたが、マリーは馬に横乗りではなく、またがって乗る、男乗りをすることによって国王と宮廷の双方を黙らせた。馬上の女性にとって何が上品かという前例や口やかましい考え方をすべて打ち破ってしまった。マリーは後になって、この当時のことを思い出して「人々は乗馬が出産の妨げになるという的外れな観念に凝り固まっていた。しかし、やがて私の馬に対する情熱がルーマニア王室の繁栄を守るという私の義務の障害にならないことを確信するに至った。なぜなら私は六人の子どもたちをこの国に捧げたのだから」と記している。

ロシア旅行とダッキー

カロルは彼女にルーマニア国外への旅行を制限したが、ロシアの叔父、ニコライ二世の戴冠式への出席は渋々認めた。マリーは一八九四年、ロシアへの訪問が許可され、まるでカロル一世国王との戦いに勝利したような喜びを味わった。この訪問でマリーは妹ダッキーとともにその美しさに注目が集まった。二人は舞踏会の花となり、二人とも妻であり母でもあったのに若い男たちの視線をくぎ付けにした。金髪のマリーと黒髪のダッキーはうっとりするような組み合わせだった。とりわけマリーの金髪は絢爛なクリスタルのシャンデリアが放つ灯りを妖しく反射した。いつも近しい二人だったが、姉妹には、はっきりと根本的な共通点があった。ダッキーはマリーのように一九九四年に結婚した夫のヘス・ダームステッドのアーネスト大公に不満を持っていた。

　ダッキーは一八九一年、ヴィクトリア女王に会いにスコットランドのバルモラル城を訪れた際、ドイツ・ヘスのエルネスト・ルイ王子に出会い、ヴィクトリア女王の勧めもあり、一八九四年に結婚する。ヨーロッパ王族の間では、当時、最も祝福された英王室と独王室の結びつきを表すものとされた。母親はダッキーが三年前にロシアで出会ったキリル大公と相思相愛であることを知っていたが、ロシア正教ではいとこ同士の婚姻を禁じていたことやロマノフ家の女癖の悪さを理由に、結婚には反対だった。ダッキーとエルンストは互いに恋愛の対象として関心がなく、子どもは二人儲けたものの結婚生活は冷え冷えとしていた。

　そんな時にダッキーはニコライ二世の戴冠式で、キリル大公に再会したのである。二人の恋が再燃したことは言うまでもない。決定的だったのはエルンストが使用人の少年とベッドで同衾しているところを目撃したことだった。ダッキーは王族にとっては禁じ手の離婚を申し立てようとしたが、ヴィクトリア女王はダッキーに同情しながらも、離婚を許さなかった。マリーも女王にダッキーの離婚を認めるよう懇願する手紙を書いたが無駄だった。しかし、一九〇一年のヴィクトリア女王の崩御により、離婚の障害はなくなり、同年ヘスの最高裁判所は離婚を承認する。

　キリル大公は太平洋艦隊の幕僚となるが、日露戦争さ中の一九〇四年四月、旅順港で乗船した戦艦が日本軍の敷設した機雷に触れ沈没。大やけどを負い、数少ない生存者となる。二人は一九〇五年結婚する。結婚に反対するニコライ二世の許可を事前に得なかったため、公位を剥奪されるが、一九〇八年に復帰する。ダッキーはロシアの大公妃として、第一次世界大戦では窮地に陥ったルーマニアの王妃マリーを助ける。

当時のイギリスにとって、ルーマニアは月のように遠いところだった。この国はホーエンツォレルン家の支配のもと、文盲や迷信深い農夫、ロマばかりがいるとされる建国まもない国だった。多くの若者が夢見がちなマリーの美しさを讃美した。しかし、マリーがルーマニアに嫁いだ当時、カロル一世国王のルーマニア王国に対する西欧諸国の見方はブラム・ストーカーの恐怖小説ドラキュラ公の国そのものだった。ハンガリーとの国境から入ったところにあるルーマニアの故郷ともいえるトランシルバニアを舞台にした小説が当たったことは、ルーマニアでは悪夢のようなことが起き、迷信がはびこる地としてのレッテルを張られることを意味した。マリーが経験した、子ども時代の記憶の中にあるイギリスの宮廷生活とは全く別物で、その後の結婚生活の参考になるようなものではなかった。その一方で、ルーマニアの自然は、イーストウェル・パークやマルタなど自然豊かな環境で育ったマリーにとって異国のものとは思えなかった。

相次ぐ肉親との別れ

一八九九年一月、マリーは両親の銀婚式を祝うため、コーブルクを訪れる。その際、兄のアルフレッドに会う。青白く、やつれ、若さがどこかに行ったように見えた。公国の跡取りは梅毒にかかっていたのだ。前の年の夏には軍隊を除隊になり、会うのは秋以来で、その間に病状は悪化し、人の見分けがつかなかったり、自分の言ったことが分からなくなったりしていた。銀婚式のお祝いには出席しなかった。間もなくアルフレッドはイタリア北辺のメラノの療養施設に移され、間もなくそこで亡くなった。一八九九年二月六日逝去、二十四歳だった。メラノに移送する際、医師は「一週間もたないだろう」と、移送を引き留めたが、両親はアルフレッドを送り出した。アルフレッドの悲報に二人とも、独りにして、かわいそうなことをしたと悲嘆にくれたという。アルフレッドの面倒を見ていた女官は「王族は不可思議だ。質素な中流家庭でも施されるはずの治療も与えられなかった。一般の子どもに対する治療としては考えられないことで、そんなことをすれば世間の非難を浴びる」と両親の非情さを日記に記している。アルフレッドの死には異説があり、彼は銀婚式のさ中に、自室でピストル自殺を図ったが死にきれず、メラノに移送されたという説だ。マリーの自伝ではそのことには触れていない。アルフレッドはポツダムの陸軍近衛連隊の将校をしていたが、いとこへの手紙に「軍隊生活が合わず、品行が乱れ病気にかかった」と書いていた。

マリーは一八九四年十月に二番目、今度は娘エリザベスを産んだ後、一九〇〇年一月九日、二十四歳の時に三番目の子ども、娘としては二番目の娘マリー・ミニヨンをコーブルクに帰って産んでいる。ミニヨンの出産からルーマニアに帰国して三か月たった時に、父アルフレッドが重い喉頭がんにかかったという知らせが入る。父親は家族の見舞いを拒否したので、マリーは夫のフェルディナンドにコーブルクに見舞いに行ってもらった。父親は食事をチューブで摂り、医者は舌を切除しても、助からないと治療をあきらめる状態だった。父親と母親は別居状態になってしばらく経っており、マリーは母親に手紙を書くだけではなく、会いに行って励ますよう勧めたが、無駄だった。父親は一九〇〇年七月三十日、五十五歳で死去した。ヴィクトリア女王は死の直前まで息子の病気のことを知らされていなかったが、その悲報に「なんてかわいそうなアフィー（アルフレッド）。八十一歳の私には耐えられない」と嘆いた。

それから半年にならないうちにヴィクトリア女王が逝った。マリーは女王の葬儀への出席が許されず、女王は、マリーと愛するイギリスとを結び付ける最後の絆と思っていたから、怒り心頭に発した。マリーは母親に「貴方はイギリスを愛してないからわからないだろうが……」と八つ当たりする手紙を送っている。

この結婚は三人の娘と三人の息子をもたらしたが、幸せな結婚生活ではなかった。長い間、彼女の親友であったアメリカの舞踊家のロイ・フラーにあてた手紙で「夫に対して抱いていた不快感が、嫌悪感に変わっていく」と洩らしている。ロイ・フラーは一八六二年に生まれたアメリカの舞踊家。アメリカ開拓時代の西部を舞台にしたショーの脇役、二流のダンサーとしてスタートした。その後、絹のストリーマーや色とりどりの照明を使って、蛇のような舞踊を完成させた。彼女の舞踊は瞬く間に注目を集め、ヨーロッパで受け入れられるようになった。一八九〇年のパリの万国博覧会では自分の劇場を持つまでになっていた。フラーは一九〇二年、ブカレストで公演した際にマリーと出会い、それ以来、親交を結んでいた。彼女はマリー王妃の親友になり、アメリカからのルーマニアへの投資や財政支援の力になったほか、やがてマリーをアメリカ旅行に誘うまでになった。

第5章　**婚外恋愛**

カンタクズィーノとの恋愛

一八九七年八月、国王夫妻はスイスに避暑に出かけた。マリーの夫フェルディナンドは健康がすぐれなかったため、皇太子妃のために侍従武官を任命した。ルーマニア軍の第四騎兵連隊の将校でジジ・カンタクズィーノ大尉だった。第四騎兵連隊は一三連隊まである騎兵のうち王室直属のエリート連隊だった。隣国ハンガリーは、騎馬民族マジャール人の末裔の国とされ、ユサール（軽騎兵、Yusaru）発祥の地。ルーマニアでは、一九世紀の軍隊近代化の際、これに倣って軽騎兵ロッシーニが生まれた。制服は真紅の上着に、純白の乗馬キュロットの組み合わせで、憧れの連隊だった。馬術に秀でていたマリーは連隊の大佐待遇の名誉連隊長として、式典では真紅の上着に白スカートで連隊の先頭を行進、ルーマニア国民の度肝を抜いた。騎兵連隊の隊員はマリーの暴れ馬を乗りこなす技術ばかりでなく、その美しさの虜になった。カンタクズィーノもマリーの称讃者だった。彼はルーマニアの名門貴族、カンタクズィーノ一家の息子だったが正妻の子ではなかった。小さく浅黒く、見てくれは良くなかったが、楽しい男だった。羽飾りのついた帽子をかぶり、卓越した乗馬術を持っていたので、マリーはすぐに意気投合、二人でシナイアの森や山々を馬で駆け巡った。

　一八九七年マリーは数々の婚外恋愛の最初のロマンスを経験することになる。相手はこのジジ・カンタクズィーノ大尉だった。二人の恋愛はキャンドルライトの明かりの中でダンスをしたり、手を取り合って森を乗馬したり、お互いに見つめあったりするような、明らかにプラトニックなものだった。

名誉騎兵連隊長姿のマリー

　用心深さはマリーの長所では決してなかった。カンタクズィーノとの関係がルーマニアのみならず、全ヨーロッパを駆け巡る迄になるのに二年もかからなかった。

この醜聞は王妃がまさに求めていたチャンスだった。王妃はカロル一世国王にマリーの無責任さをなじり、孫のカロルに住み込みの家庭教師をつけるよう説得した。候補は王妃の家族の古い友人のウィンター女史だった。マリーは家庭教師を毛嫌いし、息子のカロルをウィンター女史の下に置くことを拒否した。マリーに言わせるとウィンター女史は目が出て、肉厚な鼻を持つデブで、鼻にかかった声を出す冷やかな唇をしていた。しかし、フェルディナンド皇太子はマリーの訴えを拒絶し、国王夫妻の言いなりになってしまった。

ウィンター女史はカロルが母親に反抗するよう偏執的な躾けをした。お祈りの際に「母親に幸せがありますように」という部分を省くことまでした。このウィンター女史は、母親に対する嫌悪感をカロルに刷り込んだ。

その間、マリーはジジとの友情を育み続けていた。ある時、王妃は慈善事業で一緒にやっていたジジのいとこを夏の間、招待してほしいとマリーに手紙を書いた。マリーがジジとそのいとことともにコンスタンツァ（黒海海岸）に現れた時にスキャンダルが持ち上がった。マリーの部屋の世話係が、マリーは昼も夜もジジと一緒におり、公式行事にも揃って現れていると国王に告げ口したのだ。王妃とウィンター女史は自分たちが依頼したことを隠して、マリーが大尉との関係をカモフラージュするために、若いいとこを招待したと言いだした。

カロル一世国王はマリーを問い詰め、ジジと浮気していたことを認めさせたが、いとこの招待の件については、王妃の手紙が見あたらず、証明することができなかった。ジジはルーマニアから姿を消したが、一方で王妃とウィンター夫人が二人の情事をヨーロッパ中にひろめたため、国王はほとぼりが冷めるよう皇太子とマリーをコーブルクに送ることになった。ルーマニアを出る日、マリーは手紙を見つけるが、醜聞を止めるには、時すでに遅しだった。事態にも拘らず皇太子とマリーはよりを戻した。彼らがルーマニアに戻るとカロル王子が腸チフスに罹っていた。ウィンター夫人はマリーが病室に入るのを遮ろうとした。この時はフェルディナンドは色をなし、ウィンター女史に対して「出て行け！　皇太子妃はこの子の母親だぞ」と叫んだ。

未来のユーゴスラビア皇后マリーの誕生

マリーはミニヨン（マリー）を懐妊し、カロル一世国王に父親が大公であるコーブルクでの出産を嘆願した。これが国王に拒絶されると、マリーはお腹の子はロシアのいとこボリス・ウラジミロビッチ大公が父親であると宣言した。ボリスはアレクサンドル二世皇帝の孫でマリーのいとこに当たる。酒とばくちを好み、数々の浮名を流したことからカサノバの異名を持つプレイボーイとして知られ、一八九六年のロシア帝国ニコライ二世の戴冠式の際にマリーと恋仲になったとされ、その後、ブカレストを訪れるなどマリーの恋人として噂されていた。恐れおののいた国王は折れて、マリーは静かな環境のコーブルクで自分と同じ名、マリー・ミニヨンで知られる娘を産んだ。フェルディナンド皇太子は本気か単なる支配層からの批判をそらすためかどうかは別にして、この子を公式に自分の子として認知した。ミニヨンがボリスの子であるというのはマリーの虚偽発言だと思われる。

ミニヨンの出産の際、フェルディナンドはルーマニアに帰国したら、ウィンター夫人を解任すると約束したが、またも気の弱さから国王夫妻に逆らうことはできなかった。そこで常にマリーの味方である母親のコーブルク大公妃がカロル一世国王に手紙を書き、ウィンター夫人がいる限りマリーはルーマニアには帰国しないと宣言した。それでもウィンター夫人はしばらく居すわったが、四月になってようやく解雇された。

出産から三か月後、マリーはルーマニアに帰国した。しばらくおとなしくしていたが、やがていかに自分があまり考えもせずに妥協していたかに気がつく。自制は彼女の本性とは異質なものだった。

ニコラス王子の誕生とウォルドルフ・アスターとの恋愛

一九〇二年六月、フェルディナンドとともに伯父であるエドワード七世の即位の式典に出席するため、英国に行く。式典はエドワードの都合で六週間、延期され、各国の王族はいったん帰国したが、マリーは帰国せず、夏を島で過ごす。その時、出会ったのがアメリカ人女性ポーリン・アスターだった。やがて、ポーリン・アスターの兄、ウォルドルフと知己になる。兄妹はアメリカの大物ジョン・ジェイコブ・アスターの子孫だった。若いアメリカ人ウォルドルフはハンサムで、ウィットに富み、思いやりのある人物。マリーはウォルドルフにプラトニックな愛情を感じるが、やがて恋に落ちた。二人の関係はマリーが四番目の子どもニコラスを生んだ一九〇三年にもますます強くなっていった。マリーの四人目の子ニコラス王子は、二男として一九〇三年の八月に生まれた。出産の際にマリーの親しい友人の妹のポーリンと親友のウォルドルフがアスター家の医師とともにいたことはニコラス王子の父親が実際にはウォルドルフでフェルディナンドではないのではないかという憶測をかきたてた。ミニヨンのときと同じようにフェルディナンドは自分の子どもであることを受け入れた。成長するに従ってニコラスはウォルドルフよりも、フェルディナンドに酷似してきたが、ウォルドルフの子どもではないかと人々の口の端にのぼり続けた。ゴシップが無視したのはマリーがウォルドルフの妹のポーリンとも極めて親しかったことだ。彼女のほうが兄よりもむしろマリーに情報を提供していたし、マリーが抱える問題に親身になって相談に乗っていた。アスター家との関係は最も自然な形で終わりを迎える。一九〇六年、兄と妹が揃って結婚した。その際、ウォルドルフの率直なアメリカ人妻はマリーが毎日、ウォルドルフに手紙を送っているのを見つけ、関係を断ち切るよう迫ったのだ。

バルブ・スティアビーとの運命の出会い

一九〇七年、ルーマニアに農民の一揆が勃発した。北モルドバに三月発生した暴動はユダヤ人土地管理者に対する襲撃だった。ユダヤ人は都市に住む農地所有者から農民への農地賃貸を請け負っていたが、短期間に大きな収益を上げようと重い賃貸料を課したことから農民の恨みを買ったことが背景にあった。一揆はやがてブカレストのあるワラキアなど全国に拡大、地方によっては武装集団を結成して、不在地主や大土地所有者から農地を接収する動きまで現れた。政府は国有地のまた貸しや小所有地の拡大など部分的な改善策を打ち出したが、一方で非常事態を宣言し、一二万人の軍隊を出動させて鎮圧に乗り出した。犠牲者の数は政府が記録を廃棄したため、不明だが。史家によると一万一千人の農民が殺戮され家や町が破壊されたという。一揆は一か月余りで鎮圧される。

　この間、農民たちは地主の財産や貯蔵された収穫物を破壊したり火をつけたりしたほか、殺人を犯すものまで出てきた。ブカレストの近郊でも、大資産家の家などが略奪されたり放火されたりした。ブカレストは四千人の屈強な武装農民の脅威の下にあり、妻子たちは安全のため地方に疎開させられた。

　マリーと四人の子どもたちはシナイアの屋敷に避難した。マリーの友人のマルタ・ビバスコは近くに英国風のポサーダと呼ばれる別荘を持っており、マリーらはそこに五日間滞在した。同じころゲストとして招かれていたのが、ナディヤ・スティアビーだった。ナディヤはドイツ貴族の娘で、後にマリーの生涯の恋人になるバルブ・スティアビーの妻だった。彼女はドイツ語、フランス語、英語が堪能な才女で、マリーとは気が合った。

別荘には時折、招待者の夫が顔を出したが、中でもバルブ・スティアビーはフランスのソルボンヌ大学で法律を学んだインテリで、背が高くスリム、ルーマニア人らしい浅黒い肌の好い男、会った人を催眠にかけるような人物だった。スティアビー家はルーマニアの中心ワラキア公国を統治したビベスコ家の後裔で、ブカレスト近郊にブフテアと呼ばれる広大な土地資産を持つ名門貴族だった。このためスティアビー王子と呼ばれることがあった。彼は自分の農地を大がかりな農業事業に変身させ、収穫物を加工して街中の店に輸送、販売していた。それだけではなく、スティアビーは銀行、保険、鉄道、石油などルーマニアの大企業の経営にもかかわる大富豪だった。スティアビーは愛妻家として知られ、浮気とは無縁の人物とみられていた。事実、スティアビーは恋愛のことばかりを考えている女性には不慣れだった。

スティアビーはマリーのこれまでの崇拝者よりもはるかに内容の濃い人物だった。マリーは後年、スティアビーと出会ったころを回顧して「一九〇七年春は様々なことが起きた思い出深い春だった。農民一揆は国王にとって恥辱の出来事だった。それまでの私は無知のせいで何も見ていなかったが、この年、私の視野は広がり、多くの人々と出会うようになった。私の完全に孤独な日々は終わった。スティアビーのお蔭だ」と述懐している。マリーはアメリカ人のウォルドルフとの恋愛から立ち直っておらず、思いを引きずっていた。一方、スティアビーはウォルドルフと違って、マリーに精神的に成熟した関係を求めた。スティアビーがマリーの新たな恋人となるまでにそう長くはかからなかった。彼はまさにうってつけの人物だった。マリーはしばしばスティアビーのブフテアの所有地を訪れるようになり、乗馬の名手であったスティアビーと森の木洩れ日を浴びながら、馬で遠出するようになった。

ルーマニアの政治的な将来に大きな関心を持つスティアビーがマリーの生活に強い影響を与える存在に変身したのはこの時期だった。最初、彼女はもっと深刻な問題について彼から学び始めていた。それはルーマニアの後進性であり、貧富の格差、そして社会主義革命の危機だった。革命は古い秩序や彼らのような名家に生まれた特権階級を一掃しかねないものだった。その時代が進むにつれ、マリーは社会的、政治的な判断力を自ら獲得していったが、スティアビーがそのきっかけとなった。スティアビーが彼女に与えられなかったのは、実際の残酷な世界を個人的に経験することだった。金ぴかの宮廷の門がその世界から彼女を隔てていた。マリーとスティアビーはお互いに強くひき合い、生涯の恋人になった。

長男カロルの養育

マリーの長男カロル王子は幼いころから難しい少年だった。マリーとフェルディナンドは甘やかす親だったし、国王夫妻から召使まであらゆる人々が若い王子をわがまま放題にさせた。カロルの家庭教師のウィンター夫人、次のフォリエ女史は二人ともカロルがすることを正すことに関しては無力だった。カロル一世国王は彼のために家庭教師マーレンを見つけた。マーレンは憂鬱な同性愛者のスイス人で、少年に対して完全にナイーブだった。むしろカロルを愛してさえいた。カロルがしたいことは何でもさせた。家庭教師はカロルに被害妄想を伝染させ、自身を憐れむように教育した。彼が十八になった時、マーレンは解雇され、王子は英国に送られ、それからドイツのポツダムに送られる。そこで軍隊に入る。マリーとカロルは互いに愛情を感じていた。カロルのスティアビーに対する拒否感と絶え間ないいさかいは、恐らく彼のエディプス・コンプレックスに根ざしていたと思われる。マリーは全ての愛情をカロルに注いだが、娘のエリザベスにはできなかった。彼女は傲慢で自制心がない少女だった。一方、エリザベスの下の娘ミニヨンは優しく元気だった。下の息子ニコラスはじっとしていない子どもだった。彼はカロルにはない大胆さと鋭敏さを持っていた。

一九〇九年、マリーは三番目の娘イリアナを産んだ。彼女はミニヨンと同じように優しく、よくしつけられた女の子に育った。マリーの最後の子どもは一九一三年一月に生まれた男の子、ミルティアと名付けられた。六人の子どものうち下の二人、イリアナとミルティアは、マリーが生涯の恋人スティアビーと出会った後に生まれた。歴史家は末っ子のミルティア王子は両親が青い目なのに茶色だったことから父親は同じ目の色をしていたスティアビーということで一致している。イリアナ（一九〇九年生まれ）の父親は、はっきりしていない。残る四人の子ども、長男カロル、長女エリザベス、次女ミニヨン、次男ニコラスは、マリーがスティアビーと親しくなる前に生まれ、フェルディナンドが父親とみられるが、ミニヨンについては父親がロシア王室のいとこボリス・ウラジミロビッチ大公だと主張する歴史学者もいる。いずれにしろフェルディナンドは六人の子どもについて、すべて実子であると認知している。

スティアビー

第三部　愛国者マリー

第6章　第一次世界大戦

バルカン戦争

新たな世紀に入り、マリーは農民一揆をきっかけにルーマニアが直面する課題に否応なく向き合うことになる。おとぎ話では済ませられない、国内の現実があった。バルカン半島でのルーマニアの立場も同様だった。ルーマニアは、バルカン半島に覇権を求める列強が四方を取り囲んだ大海に浮かぶ木の葉のような国だった。マリーの国政への関心の背景には、王室の財産管理の責任者であると同時に、マリーの首席顧問になっていたスティアビーの存在があったことは間違いない。

一九一二年、バルカン半島を支配していたトルコがイタリアに敗れた。オスマン帝国の凋落を決定づけた敗戦は、その支配下にあったバルカン諸国に大きな勇気を与え、自国領土拡大の野心を燃やした。一九一二年秋、セルビア、ギリシャ、ブルガリア、モンテネグロのバルカン同盟が七二万人の連合軍でオスマン帝国を攻撃する。第一次バルカン戦争だ。ルーマニアのカロル一世国王は、オーストリア・ハンガリー帝国のハプスブルクがブルガリアの領土主張を支持したことから、そのはざまで悩んだ末、参戦しなかった。

列強とバルカン諸国の間に立たされたカロル一世の苦悩は深く、事あるごとにマリーの部屋を訪れては苦悩を打ち明けた。これはマリーがバルカン情勢を理解し、カロル一世国王の悩みを和らげることができる数少ない王族になりつつあったことの証しである。マリーは当時のことについて、国王との間を遮るものは何も無かったと述懐している。後世の歴史家が二〇世紀に入って最初の三〇年のルーマニアの歴史で、マリーが最も重要な役割を果たしたと評価しているが、そのきっかけになったのは農民一揆でありバルカン戦争だった。これ以降、マリーは政治外交で、次第に存在感を発揮し始める。

第一次バルカン戦争の戦闘は、トルコがロシアの動きやアラブの反乱を恐れて、三二万の軍で迎え撃ったが、軍事的劣勢は明らかで、同年十二月に降伏する。トルコは和平会議で時間稼ぎをする。案の定、バルカン諸国は領土の配分で紛糾する。一九一三年六月ブルガリアはギリシャとセルビアに侵攻した。第二次バルカン戦争の始まりである。マリーは親密だった米富豪ポーリン・アスターに「ブルガリア人は戦勝で頭が変になって、バルカンを支配するのは自分たちしかいないと思い込んでいる」と書き送っている。国際社会が第一次バルカン戦争の戦勝国の筆頭にブルガリアをあげていたからだ。ブルガリアがバルカンで領土の大幅拡張をすることを目指したことに、ルーマニアは反発して宣戦布告。大国にブルガリアとの力の均衡をとるため西ドブロジャを割譲するよう要求する。

マリーの転換点と決意

この戦争はルーマニアにとってもマリーにとっても、大きな転換点となった。一九一三年七月、ブルガリアの前線ではコレラが発生、一週間後には二千人の兵士に感染するという猛烈な勢いで拡大した。ルーマニア軍はブルガリア軍の武力抵抗にはほとんど遭わなかったが、ブルガリアのコレラに汚染された田園地帯を行軍した。ブルガリア軍はコレラで死んだ自国の兵士をルーマニア軍の進軍路にある井戸に投げ込んだため、これが感染源になってルーマニア軍にコレラが広がった。コレラはマリー皇太子妃に新たな活躍の場を与えることになった。きっかけになったのは国民自由党の党首で有力政治家のブラティアーヌの妻で、スティアビーの姉のエリザだった。エリザは常々、マリーに皇太子妃として、もっと社会的活動に参加すべきだと説得してきた。折しもコレラ対策の先頭に立っていたエリザがマリーに役割を果たすよう強く要請したのだ。マリーは禁じられていたドナウ川のブルガリア領側の前線を訪れて、病いの兵士たちを見舞い、国王の許可を得て兵士たちの病院の一つを任せてもらった。カロル王子も母親のこの活動を手伝った。

マリーは前線に近い野戦病院で、戦争の極限状況の悲惨さを目撃することになる。担架に乗せられて、包帯もされず、不衛生、栄養失調、放置されて死んでゆく男たちを見て、マリーは衝撃を受けた。人はこのような光景を目撃すると宣教師のような活動家に変身することがある。マリーも例外ではなかった。マリーは感染の危険など顧みず、病室になっている今にも崩れそうな部屋を回り、男たちに、たばこや食べ物、慰問品を運び、生死をさまよっているコレラ患者の傍らに坐った。コレラ禍は前線での予防接種の履行で急速に収まり、マリーらの活動は高く評価された。一般国民に感染が広がらなかったのはマリーらの患者隔離の活動などが功を奏したためだ。マリーらの活動は国民に広く知られることになった。経験は恐ろしいものだったが、精神浄化作用のあるものだった。マリーにはその経験からわかってきたことがあった。それは皇太子妃、将来の王妃として国家に奉仕しようという新たな決意、行く手にいかなる敵がいようと立ち向かってゆく勇気だった。

ルーマニア軍は戦闘による兵員の消耗はほとんど無かったが、コレラの感染拡大でひどい状況にも拘らず、瞬く間にブルガリアの首都ソフィアから一〇キロ足らずに迫った。この時、ルーマニア軍の航空機がソフィア上空を飛行し、偵察を行うとともに宣伝ビラを撒布したという。軍用機が敵国の首都上空で行った史上初の作戦と言われる。ブルガリアは、彼我の戦力の差に、フェルディナンド皇帝がルーマニアを訪れ休戦を申し入れた。カロル一世国王はバルカン五か国（セルビア、ギリシャ、ブルガリア、モンテネグロ、ルーマニア）を集め平和交渉を行うとともにトルコ領の配分を協議した。このブカレスト条約によりルーマニアは西ドブロジャを獲得する。二回の戦争の結果、バルカン半島の諸国はオスマントルコの支配から脱却する一方で、引き続き、領土的な野心を衝突させていた。また列強のロシアが汎スラブ主義を掲げて、スラブ系のセルビアやモンテネグロに働きかけ影響力の拡大を図っていた。これに対しオーストリア・ハンガリーは、ドイツの支持を得てあからさまに対抗する姿勢を示し、バルカン半島は一触即発の「火薬庫」となっていた。カロル一世国王はブルガリアの拡張を支持していたオーストリア・ハンガリー、ドイツ、イタリアとの秘密防衛同盟条約を再確認していた。秘密条約はロシアの南下、つまりルーマニアへの勢力拡張を牽制する意味も持っていたからだ。

第一次世界大戦の勃発とカロル一世国王の死

バルカン半島に緊張感が漂う中、一九一四年六月二十八日、衝撃的なニュースが伝わる。ボスニア・ヘルツェゴビナの首都サラエボでオーストリア皇太子のフランツ・フェルディナント大公夫妻がセルビア人の青年に暗殺されたのだ。この日は日曜日で、ルーマニアの王族は国王夫妻をはじめフェルディナンド、マリーともどもブカレスト郊外の競馬場でレースを観戦していた。そこに電報が入った。王族は直ちに競馬場を去ったが、その際、カロル一世国王はアメリカの大使に大きな戦争になるだろうと語ったという。オーストリアは暗殺事件をバルカンのスラブ人民族運動を抑える好機ととらえた。ドイツの支持を得て、一か月後、七月二十八日にセルビアに宣戦布告した。開戦時にはヨーロッパの国々は、中央同盟国（ドイツ、オーストリア、オスマン帝国、ブルガリア）と連合国（英仏露）のどちらにつくか旗色を鮮明にしていた。マリーは多くのルーマニア人同様、連合国側だった。これはホーエンツォレルン家出身の国王夫妻と真っ向から対立することを意味した。

エリザベタ王妃はそれまで自らを英仏文化の唱道者としていたが、突然、宗旨替えしてマリーに「英国は間違いなく凋落する。いまやゲルマン民族の時代の始まりであることを自覚なさい」と諭した。国王との対立はより深刻で、お互いに傷つけないよう気を使ったが、それでも国王が「世界はやがてドイツの優位の前に跪く時がやってくる」と言うのを遮ることも出来ず、マリーは沈黙を守った。

中央同盟国はルーマニアに対し連合国に宣戦布告するよう要求してきた。カロル一世国王も出身のホーエンツォレルン家に連帯感を抱いていた。どちらに立つか国論が分かれる中、三〇年以上前に、オーストリア・ハンガリー、ドイツ、イタリアとの間に秘密裏に結んだ防衛同盟条約を再確認したことが、国民の知るところになった。トランシルバニア問題で国民の憎悪の的になっていたオーストリア・ハンガリーと同盟したことに強い反発が起きた。このため国王と保守党の首脳が中央同盟側に立って参戦するのを主張したのに対し、国民自由党のブラティアーヌ首相やマリーが信頼するバルブ・スティアビーら保守党の大多数は中立を主張、結局、ルーマニア政府は戦争は中央同盟側が始めたもので、防衛同盟条約には該当しないとして、中立を守ることを決める。
戦争が起きて何か月か経った一九一四年十月九日、カロル一世国王が死去した時、マリーとフェルディナンドはシナイアにはいなかった。スティアビーが十月十日の朝早く皇太子妃に電話してきて、悲報を伝えた。フェルディナンドがシナイアに到着したとき、国王の傍らに跪き彼に沈黙の誓いを立てた。

父上、心配しないで、私たちは勇敢にあなたの後を継ぎます。あなたは厳しく、若い私を何度も苦しめましたが、あなたは有能で公正だった。私はあなたのようにやってみます。
あなたの死にあたって誓約します。あなたのようにこの国を愛します。神が望むなら、勇敢に恐れることなくあなたの事業を受け継ぎます。

フェルディナンドが国会で宣誓した際、マリーは事実上の新王妃として称讃を浴び、議員たちは「われらが母親、マリー」と叫んだ。エリザベタ王妃は一七か月後に国王を追うように亡くなった。

フェルディナンドの即位と参戦

フェルディナンドがルーマニアの王位を継承した。マリーはルーマニアの王妃と呼ばれるようになったが、第一次世界大戦のせいで一九二二年まで戴冠しなかった。しかし、フェルディナンドはすぐに新国王として非常事態に向き合わなければならなかった。第一次世界大戦が始まったばかりで、フェルディナンドは中立政策を継続する機会があったのに、自分が生まれたドイツの意向に従うそぶりを見せ、中立政策から逃げようとした。事態は彼の思い通りにはならなかった。ロシアが西進し、ドイツと同盟国のオーストリアをトランシルバニアで撃破し、ルーマニアが自分たちの国土トランシルバニアを取り戻すチャンスが巡ってきた。

マリーはルーマニアの愛国者になり、国内での影響力は次第に大きくなった。「フェルディナンド国王はおとなしく、気楽な人間で、何ら威厳がない性格。ルーマニアを支配しているのはフェルディナンドではなくマリーだ」というのがルーマニア王室に対する国内外の一般的な評価になりつつあった。カロル一世国王亡きあと、マリーの存在が、ルーマニアが連合国側につくことに大きな影響を及ぼすこととなる。

戦争が始まって二年間、ルーマニアは中立を守った、中央同盟国は何度もルーマニアに自分たちの大義に加わるよう働きかけた。最後にドイツとオーストリアの公使たちがマリー王妃に接触したが、彼女はイギリスが最後は勝利するとして譲らなかった。彼女はルーマニアがイギリスに叛旗を翻したら、苦痛で死んでしまうとまで言った。一九一六年春、ロシアが東部戦線で大攻勢を準備し、七月までにカルパチア山脈まで前進した。連合国にとっては、東部で均衡を保つためルーマニアが自分たちにつくことが必要だった。そしてブラティアーヌ首相にルーマニアは参戦しなければならないと説得した。ブラティアーヌはこれを待っていた。彼はマリー王妃にイギリスのいとこジョージ五世国王とロシアのニコライ二世皇帝に手紙を書くよう要請した。手紙はルーマニアが連合国につく代わりに、トランシルバニア、バナト、ブコビナのルーマニアへの併合を要請するものだった。

フェルディナンドは国民感情の高まりに抗することができず、一九一六年八月十七日、連合国が国土拡張の要請をのむことを記した条約に署名し、連合国への参加を表明した。彼はまた戦後の和平会議で大国の意思に従うことを承認した。そして、八月末、フェルディナンド国王は、ホーエンツォレルン家に対する忠誠心からドイツに対する宣戦布告を避け、オーストリア帝国のみに宣戦を布告した。しかし、これはドイツに対する宣戦布告に等しく、ドイツのウィルヘルム皇帝は、彼をホーエンツォレルンの家系図から抹消した。

首都ブカレスト占領とイアシへの避難

一九一六年八月二十八日、ルーマニアはトランシルバニアで攻勢にでた。攻勢はロシア、イタリア、仏英の合同作戦の予定だった。ところが攻勢に出るその時、ロシアは敗れ、イタリアの攻勢は失敗してしまった。ルーマニアは今は敵となったブルガリアとオーストリアに挟まれて孤立し、敗走を重ねた。ウィルヘルム皇帝は、ルーマニアの裏切りに対する怒りが収まらず、一九一六年九月十二日には、ドイツ軍の巨大な飛行船ツェッペリンを首都ブカレストに急派し、市街地に四〇個の爆弾を投下した。爆弾の直撃を受けた工場では二〇人が死亡するなど、多数の死傷者を出した。飛行船は深夜一時過ぎにも飛来、爆撃し、軍事力を誇示した。ブカレストの人々は、全長一五〇メートルものツェッペリンが上空に飛来しただけで驚愕したに違いない。

このような時に悲劇が直接、マリーを襲った。息子のミルティアが腸チフスに罹ったのだ。容態は深刻だった。マリーは、ミルティアの看病に係りきりになった。ミルティアは青い目の兄姉の中でただ一人、スティアビーと同じ茶色の瞳で、父親と言われたスティアビーも、苦しむミルティアを看病するマリーに付き添った。しかし、看病も空しく一九一六年十一月二日夜九時半、ミルティアはこの世を去った。三歳だった。しかし、悲しみを乗り超えて彼女を国家奉仕に駆り立てたのはまさに、より勇敢になったマリー特有の姿だった。

十一月二十三日には、異なる前線から入ってきたドイツ軍が首都ブカレストにいよいよ迫った。ブカレストの病院は負傷した兵士と空襲による死傷者でいっぱいになった。マリーは王宮の庭に病院を建て、疲れも知らず、次から次と病院を回り、食事や慰問品を配ったり、厳しく凍える冬の到来とともに患者に暖を与えようと両手いっぱいの毛布を運んだりしていた。

大戦中、マリーはルーマニアのイギリス赤十字の資金稼ぎのためイギリスで「わが祖国」という初めての本を出版した。本は英語で書かれ、ルーマニアのロマや農民の簡素な田舎の生活をスケッチしたものだった。この時期、彼女は自分の時間のほとんどを病院の傷病兵を訪問することに費やしていた。兵士のほとんどは農民の出身で、自分たちはトランシルバニアを取り戻すという大義のために聖戦を戦っているという意識を持っていた。赤十字の白衣を着たマリーが広い病室に入ってゆくと、傷病兵全員の目がマリーに注がれたという。兵士たちはマリーの献身ぶりに比べれば、自分たちの怪我は大したことではないと言った。マリーの姿は広く国民に知られるようになり、ルーマニアの救国者としての存在感を強めてゆく。

ドイツがブカレスト近郊に侵攻した翌日の十一月二十四日、スティアビーはマリーにブカレストを去り、モルドバの首都であるイアシに行くよう告げた。彼女は将軍の営舎にいたフェルディナンド国王とカロル皇太子の動向について何もわからなかった。フェルディナンド国王はドイツの侵攻の中で自分の家族がどうなっているかすら気遣っていなかった。マリーが営舎で会った際、彼女は国王に自分の面倒を自分で見ることには慣れているので、心配しないよう言った。夫があまりに無関心なので、マリーは息子のためにも存在感のない夫が退位する可能性すら考えてしまった。マリーはその時、営舎から離れることを許されていた息子に対して、前線に行って兵士と過ごすよう忠告した。「兵士たちと生死をともにし、戦友となって彼らを助けてあげなさい」と。スティアビーと夕食を共にした後、マリーと子どもたちはイアシに旅立った。ドイツがブカレストを占領した後、一九一六年十二月六日、ルーマニアの首都は北のモルドバ、イアシに移され、大戦が終結し、ドイツ軍がブカレストから撤退するまで続く。

マリーは大戦が始まって初めて、母親から手紙を受け取った。手紙はルーマニアを戦争に巻き込んだことを非難していた。

どうしてこの戦争を始めたの？　最悪なのは貴方が戦争の決断をした最も大きな要因だと非難されていることです。この歳になって、自分の娘が一連の事態の先頭にいたなんて信じられるでしょうか？　私の愛らしい優しいマリー、我が家の太陽、ドイツ人はみな、あなたの連合国に対する盲目的で狂った献身がルーマニアを戦争に押しやったと言っています。

マリーは大いに嘆いて、

どうしてお母様は私にこの戦争の責任があるなどと言えるのでしょう？　お母様はドイツ側に立っても、ロシア人です。あなたは私たちがあなたの祖国ロシアの側に立ってい

る矛盾に苦しんでいるのです

と叫んだという。

ロシア革命とロマノフ朝の滅亡

マリーはイアシの病院がきちんと運営されておらず、混乱状態にあることがすぐに分かった。兵士は戦場で負った傷ではなく、寒く不衛生な病院で感染した肺炎や他の感染症で死んでいった。病院を温めるための材木が伐採され市郊外に蓄積されていたが、組織力がなかったため、輸送が妨げられていた。マリーは閣僚たちや総司令官を呼んで材木の輸送を促進するよう求めた。しかし、まだ衛生上の問題を解決しなければならなかった。チフスが発生流行し病院の患者を襲い、前線の兵士にまで広がった。マリーは自分が見込んだ有能な医師を衛生組織の長に据えたりした。食糧の補給にも問題があった。ロシアがドブロジャを放棄した際、ドナウ川を使ったルーマニアへの唯一の食糧補給路が敵の手に落ちてしまったのだ。

イアシにとって有難かったのはマリーの妹のダッキーが補給と薬品を携えてロシアから到着したことだ。マリーは束の間、ダッキーとの再会を楽しんだ。首相のブラティアーヌはダッキーにニコライ二世に対する手紙を託した。マリーも皇帝に対する手紙を書いた。そこには前線でのロシア兵とルーマニア兵への待遇の違いに対する不満が書かれていた。「貴方のロシア兵たちは戦いもせずに私たちの倉庫を略奪しています。彼らは一日に一キロのパンと六〇〇グラムの肉を受け取っていますが、私たちの兵士は両国のために戦い、一週間に二回三〇〇グラムの肉しか受け取っていません」と書かれていた。

ロシア軍が現在の戦線を維持させることが極めて重要なことを説得するため、マリーはロシア皇帝ニコライ二世に会いに行くべきだということが議論されたが、ロシア王室が極めて困難な状況に置かれているという噂がイアシにも流れてきた。アレクサンドラ王妃に悪い影響を及ぼしている農民出のラスプーチンが殺され、家族全てが王妃と対峙しているというのだ。マリーは日記に「ロシアに行くには時期が悪い」と記している。二日後にダッキーからロシアの困難な状況を確認する手紙が届いた。マリーの代わりにブラティアーヌとカロル皇太子が行くことになった。ブラティアーヌはロシア政府に攻撃態勢を立て直すよう説得した。ロシアは自分たち自身の危機を懸念していた。最終的にはロシアの参謀本部はルーマニアの運命とは関係なく、つまりモルドバを失う恐れがあったため、チェレス戦線、ドナウ川からチェレスまでの五〇〇キロを守る部隊を送った。これは一九一七年初めドイツ軍の前進を阻むことを可能にした。

その間、マリーは別の問題に直面していた。息子のカロルがジジ・ランブリーノというルーマニアの貴族の娘と恋に落ちてしまったのだ。さかのぼること大戦前の一九一三年、当時二十歳だったカロルは政治家のパーティで十五歳のジジを見初める。ジジはフランスで音楽と文学を学んだ教養ある女性で、二人は交際を始めた。周囲は二人の交際は戯れで、まさか関係が長く続くとは思っていなかった。何年も前にフェルディナンド国王もヘレーネ・バカレスクという女と恋に落ちた時のように、カロルの恋は実を結ばないと思われていた。なぜならルーマニアの憲法は王族と一般人との結婚を禁じていたからだ。マリーは関係を断ち切るべく手を打っていたが、隠れて会っていたのだ。

マリーは一九一七年に流行した発疹チフスに襲われた村々に救援品を運び、戦場を回り、泥と水浸しになった塹壕の兵士たちとひざを突き合わせた。この時までに開戦から年月がたち、ハンガリー領になっているトランシルバニアの統合というルーマニアの大義の実現に希望が持てなくなっていた。

一九一七年三月十五日、マリーのいとこに当たるロシアの皇帝ニコライ二世が退位して、ロマノフ朝が滅びる革命が起きたというニュースはイアシにもすぐに伝わってきた。ニコライ二世一家はシベリアに送られ、七月に処刑されることになる。ボルシェビキの革命はルーマニアとの同盟関係を否応なく反故にした。ルーマニア軍がもはや枢軸に対抗できないことは明らかだった。

ルーマニア政府は革命が波及しないように対策をとる必要に迫られた。皇帝が退位して三週間、スティアビー、フェルディナンド国王とマリーは前線の兵士に向けた国王の演説を準備した。

農民の息子たちよ。自分たちの手で、自分が生まれ育った地を防衛しよう。私はお前たちの王として告げる。

勝利の報酬として母国の感謝の意を保障する。お前たちが戦い取った大地の所有権を勝ち取るのだ。土地はお前たちに与えられる。公的な行事への参加が許される。

また、国王は戦争が終わったらユダヤ人は平等に扱われることを約束した。ロシア軍兵士の間にはボルシェビキのウイルスが浸透したが、それがルーマニア人の間に広がることはなかった。

兵士王妃

マリーは傷病兵たちの救援を組織する義務を果たしていた。彼女は「これ以上、悲惨なものを見た王妃はいないだろうし、このようなみじめな場所にいた王妃もいないだろう」と自らを評した。イアシの兵舎や駅の床には傷病兵が横たわっていた。マリーは彼らの収容先を見つけ、兵舎を清掃するよう命じた。ほとんどの時間を王妃は病院で過ごし、赤十字の制服を着て傷病兵に話しかけ、煙草を渡したり、時にはパンすら手渡した。彼女は手榴弾の爆発で目が明かない兵士の目を洗ったりもした。王妃は兵士が読む新聞に励ましの言葉を盛り込んだ記事を書いた。彼女はまた「私が愛した田舎」というタイトルの二冊目の本を出版し、四月にはいくつかのアメリカの雑誌に精神的な支援と物資の提供を求める記事を送った。かつて、彼女は子どもたちのためにおとぎ話を書いたが、今やルーマニアの広報やプロパガンダを書いていた。彼女は娘たちが一緒に病院に来るよう仕向けたが、ついて来たのはミニヨンだけで、エリザベスはあまり関心を示さなかった。マリーが「兵士王妃」と呼ばれたのはこの頃だ。枢軸側の圧倒的な攻勢が続き、国家消滅の瀬戸際にあったルーマニア王妃として、ぶれることなく連合国側の立場を貫くマリーの孤高の姿は広く知られ、そのイメージからつけられた名前だ。

このころ、イアシにはニューヨークのヘラルド・トリビューン紙のフランス特派員、ウィリアム・T・エリス記者が入り、マリーを取材している。エリス記者は戦場特派員として著名。取材が縁となり、戦後、マリーの著作物のアメリカでの代理人となっている。マリーとしては自身の伝記の著作を依頼しようとしたがかなわなかったという。以下はエリス記者がニューヨークの月刊誌センチュリー・マガジンに送った記事の抜粋である。

一九一七年の初夏、私がイアシに着いた日、マリー王妃は前線に視察に行く前の四五分間を私のインタビューに割いてくれた。

宮殿に着くと、建物の二階に案内された。平時なら舞踏室に違いない広間だった。しかし、広間は箱や梱包用の袋などで一杯になっていた。そこは兵士や傷病兵、戦争孤児が使う物資を製作する工場になっていたのだ。ミシンを使ってシーツや毛布を縫う場所だ。

「王妃が来られました」声のするドアの方を見ると、灰色のドレスを着たマリーが現れ、訪ねてきた隣人を迎えるような気さくなあいさつを交わした。インタビューの間じゅう、王妃はせわしなく重そうな茶色の帽子を編み、その指の動きは休むことはなかった。

王妃は大変美しく、肌のきめ細かさは豊かな表情を際立たせていた。どんな写真も彼女の愛らしさを表すことはできないだろう。話をする時、唇ばかりではなく、顔の表情、瞳の輝き、手の動きが目まぐるしく変わった。ヴィクトリア女王のしぐさが受け継がれているのだろうと思った。この時、マリーは四十二歳。十七歳で結婚したので、二十三歳の息子がいても、不思議では無かった。インタビューのさ中に、十四歳のニコラス王子がお休みのあいさつに、ボーイスカウトの格好で現れた。立派な体をした少年は「アメリカに行ってみたい」と率直に言った。夜遅くなって、長女のエリザベス、カロル皇太子、マリー、イリアナが次々に姿を見せた。

その数日後、マリーには前線で会った。そこは数百人の傷病兵を収容する野戦病院だった。

マリーは四つの病院と三つの移動型病院を運営し、いずれの病院もマリーの名前を冠していた。

数百台の救急車が前線に配備されているという。王妃は長く連なるベットの間を行ったり来たりして、老若を問わず傷病兵の頭や頬を撫でながら話し込んでいた。何人かが十字架やイコンを欲しがると、エプロンのポケットから取り出して渡していた。通常は聖書の一節を印刷したものとシガレット、サインをした王妃の写真がセットになったものを手渡した。

当時のルーマニアは、二五万人の男が戦死し、数万人がチフスなどの伝染病で死亡、国土の三分の二をドイツ軍が占領、食料は連合国からの支援が得られない中、ロシアが頼りだったが、逆に略奪されるという苦難に苛まれていた。そんな中でマリーは活気を失わず、不平を言ったり、落胆の表情を見せたりしなかった。代りに人々の中に分け入り、勇気や不退転の決意を伝えていった。それが王妃の仕事だった。彼女は楽観的になるよう口で説得するのでは無く、存在自体でそれを示した。マリーはルーマニアの軍事力に匹敵する力を持っていた。病院から最前線へは車で移動した。車の助手席にはマリーの補佐官の大佐、後部座席には愛犬のコッカスパニエルをはさんで王妃と私が坐った。車に揺られること五時間、途中、二機の軍用機が守護天使のように上空を旋回して、目的地に着くまで、ドイツ軍機の接近を警戒した。マリーはパイロットが誰か知りたがった。パイロット全員を知っていたからだ。車は食糧配給所が設けられている村に立ち寄った。子どもたちが寄ってきて、一人の少年が「以前にも会ったことがある」と言って、マリーに花束を渡した。マリーは子どもたちと話しながら、ぼろ服をまとったロマの子どもにも分け隔てなくお菓子を与えた。

目的の最前線の村に着くと村内の至る所に歓迎を示す花束が飾られていた。素朴だったが、王妃に対する愛情や忠誠心を示していた。村長をはじめ村民は中央広場に集まり、そこまでの数百メートル、兵士が整列して出迎えた。マリーはマフラーを外して、車を降り、兵士の歓呼に答えながら閲兵した。広場では歓迎式典が行われ、マリーは一人、壇上で二〇、三〇分の式典に立ち会った。村の食糧不足は深刻だった。政府の役人は軍を優先するよう主張したが、王妃は傷病兵や病人が優先であり、とりわけ欠乏している牛乳は乳幼児に不可欠だと主張した。

マリーの病院を訪れた二日後に、最前線の塹壕に行く機会を得た。これには難関があった。司令官は私のようなアメリカから来た客が犠牲になることを恐れていた。何とか説得した結果、マリーが数日前に訪れたという塹壕を見る機会に恵まれた。王妃はドイツ軍の陣地から十メートルほどの塹壕まで来ていた。戦場記者にとっては当たり前のことだったが、塹壕までの道すらドイツ軍の砲火にさらされ、王妃には危険が大きすぎた。

マリーは塹壕より危険な監視ポストにまで足を踏み入れていた。音が漏れれば、手りゅう弾を投げ込まれるような場所だった。

こうした王妃の姿を見た兵士の反応は明らかだった。王妃が歩いた塹壕の通路には板などで印がつけられ、「王妃マリー万歳」という看板が掲げられた。

ロシア軍の離脱

危機は飢餓とチフスから、モルドバのロシア軍兵士による脅迫に置き代わった。彼らはロシア革命のウイルスに感染し、五月一日にはイアシに入り、囚人を「人民の大義の殉教者」として解放し、国王の邸宅の前に集まり、ホーエンツォレルン家は追放しろと要求した。幸い、そこで宣言されたことは実行されなかった。

一九一七年初め以来、ルーマニア軍では、フランスの顧問団による再編成が進められていた。兵力は減っていたが、戦える軍隊になっていた。一九一七年七月ロシア軍とルーマニア軍はドナウ川沿いのオーストリア・ドイツ戦線で攻勢に出た。ここで指揮はカロル皇太子が執るべきだという提案があったが、マリーはカロルは軍事的な訓練を受けたことがなく、もし失敗すれば責任を取らされると言って厳しく反対した。しかし、カロルと父親は攻勢の間、前線に滞在し、マリーはいつものように戦場に近い病院で働いていた。ドイツの兵士を捕虜にし、多くの大砲を捕獲した。しかし、七月十三日、突然ロシア軍が逃げ出し、攻勢は消滅してしまった。マリーは日記の中で「不安が次第に大きくなる一日だった。ロシア軍は敵軍を前に、すべての前線から退却したように思える。彼らは戦いを放棄し、撤退している。ロシアに戦う気がなければ、われわれは瞬く間に侵略されてしまう」と書いている。ロシアに起きたこととは、即時和平を要求するボルシェビキの宣伝に服従したということだ。ドイツの進撃に対してルーマニアはどうすることもできない。それで彼らは戦わずして撤退を始めたのだ。最後の戦闘はマラセシュティで八月十二日から十九日まで行われた。フランスに訓練されたルーマニア軍はドイツとオーストリアの合同部隊を破り、オデッサが占領されるのを救い、おそらくモスクワですら救った。イギリスではデイビッド・ロイド・ジョージ首相が連合国はルーマニアが共通の大義のためにいかに戦ったか、決して忘れることはないと語った。マリーは「兵士たちを誇りに思う。ロシア軍のほとんどがボルシェビキに染まり、毎日のように陣地を放棄しているにも拘らず、ルーマニアの兵士たちは食事も武器も不足し、決して救援されることもない中で確固として揺るぎない対応をした」と書いている。

九月になって、ルーマニアの戦場での動きは止まってしまった。ボルシェビキがロシアの政権を掌握し、ドイツとの和平を追求していた。ボルシェビキはルーマニアの王家がドイツとの和平協定に署名しなければ、王族たちを捕らえて投獄するとまで脅しをかけてきた。マリー、フェルディナンド国王、スティアビーはドイツとの和平協定には決して署名しないことで合意した。王家の選択肢はルーマニアから出国することしかないところまで追い込まれた。連合国に助けを求めたが、安全にロシアを通って逃げる方法は無くなっていた。連合国が手を打たないうちに、ロシアが逃亡ルートを全て封鎖してしまったのだ。マリーはいとこのイギリスのジョージ五世から家族全員の政治亡命を認める電報を受け取った。彼女は「ロシアの対応によって私たちが悲劇に直面している時に届いた貴方の優しい言葉に心から感謝します。余りに状況は悲劇的なので、私たちが貴方の温かい申し出を受け入れることは不可能でしょう」と返答している。

革命の狂乱状態はルーマニアのロシア軍の中にも広がってきた。彼らは将校を殺害し、電話、電報、鉄道を破壊し、力ずくで王族たちを捕まえようと企てていた。フェルディナンドの国民に対する約束、マリー王妃の人気のおかげでルーマニアの兵士たちは革命の狂乱の中にいるロシアには加担せず、王室を信頼し続けていた。

ルーマニアは敵に包囲され、連合国から救援される望みはなかった。北、西、南はドイツ、オーストリア、ブルガリア、トルコに占領され、東には革命ロシアがいた。マリーはルーマニアの武力放棄を回避することはできなかったが、イギリス政府からルーマニアの利害を擁護するという約束を電報で取り付けていた。ルーマニアは英雄的に戦争を遂行してきたが、ロシアの裏切りにより、武力を放棄せざるを得なかった。その結果として枢軸側との間に休戦協定が成立しても、連合国の一員として参戦する際の合意、つまりトランシルバニアなどの併合を認めるという約束に影響を与えないことを確認する書簡に署名していた。

マリーはどのような犠牲を払っても、最後まで抵抗することにかけた。しかし、そうはならなかった。ルーマニアは一九一七年十二月六日に降伏し、ドイツの傀儡政権が樹立された。それでも、マリーは断固として認めなかった。マリーの孤立した抵抗はイギリスの新聞に「敗戦の陰のもと、追放された生ける中心」と書かれていた。アメリカの新聞にはよりドラマチックに「ルーマニアの王妃がドイツ皇帝に挑んでいる」という見出しが躍っていた。

何週間か経って、ブレスト・リトフスクで枢軸国とトロツキーが代表を務めるロシアとの間で和平協定が結ばれた。トロツキーは革命をルーマニアにも拡大しようとして、フェルディナンドとマリーを追放しようと計画していた。ボルシェビキは、イアシに近いソコラに総司令部を置き、武器庫が置かれた。イオン・ブラティアーヌはこれを知ると、ソコラを警察軍で奪取し、五〇〇〇人のロシア人を武装解除し国に送り返した。

一九一八年一月五日、イギリスのデビッド・ロイド・ジョージ首相はロシアが連合国から脱退したと発表した。それは連合国の条約に見直しが必要になり、現実的な環境の中でハンガリー・オーストリア帝国の分離はイギリスには関心のないことであると述べた。これはトランシルバニアの統合をめざすルーマニアにとっては障害になることだった。追い打ちをかけるようにアメリカのウッドロウ・ウィルソン大統領が一九一八年一月、米議会で行った十四項目の宣言によって、ルーマニア拡張の最後の望みが断たれてしまった。大統領は第一項目で秘密条約は平和を脅かすとして批判し、ルーマニアが連合国に参戦の見返りとして領土の拡張を求めた秘密条約を非難し、十項目目でオーストリア・ハンガリーは境界と民族を見直す代わりに自治権をもつことが許されることを示唆した。

枢軸との暫定和平協定の締結

一九一八年一月三十日、ボルシェビキはルーマニアに宣戦を布告した。彼らは国王の宝石を奪い取ろうとした。その夜、バルボ・スティアビーとマリーはイギリスのジョージ五世国王に対してルーマニアのひどい状況について電報にまとめた。一週間後、ドイツは前線に新たな部隊を送り込みルーマニアに対して最後通牒を突きつけた。「ルーマニアは四日以内に和平交渉に応じなければならない」という。ドイツ皇帝の意図はフェルディナンドを追放することだった。ドイツに対して戦闘を始めたことを裏切りとして責めていた。一方、オーストリアの偉大なフランツ・ヨーゼフの後継者であるカルル新皇帝はルーマニアと公平な和平を望んでいると発表していた。

ついにブカレストで和平交渉が始まり、枢軸側はルーマニアに対していくつかの屈辱的な条件を提示した。マリー王妃は「和平条件は全く受け入れ難いものである」と書いている。しかし代替案はもっとひどかった。もしフェルディナンドがこれらを飲まなかったら、ルーマニアは地図から消え、その国土はオーストリア、ブルガリア、ドイツ、トルコが分割するというものだった。ドイツ、オーストリアの両皇帝ともフェルディナンドに対して情け容赦なく、その家族を助けようなどという気は全くなかった。ウィーンが即答を求めてきたため、国王議会は臨時会を一九一八年三月二日に開いた。マリーは国王ができる限りの勇気をもって臨むよう励ましたが……、嘆きたくなる悲劇的な瞬間だった。何ら結論は出なかった。ドイツから新たな譲歩を求める電報が届き、翌日、新たな集まりがあった。カロル皇太子が出席することになったので、マリーはルーマニアの全ての女性は和平への署名に反対していると彼女の名で演説するようカロルを説得した、彼女が息子に話している最中に国王が来て、恐ろしい口論になった。マリーは国王に心と名誉、家族と国民を売ろうとしているとなじった。「貴方は彼らの穢れた手で死んだ道具になっている。どうせ死ぬのなら、胸を張って、心を汚さずに死にましょう……死刑宣告に署名をしましょう」と。スティアビーに言わせると国王はこの責任感のある人物を支持せず、何もしなかった。マリーは「ルーマニアには男がいない。自分は臆病者の王妃であることを恥じる」と言った。

マリーは国民の支持がない和平に走る前に、国王の名誉を守る方法がひとつだけあることに気付いた。彼女はカロルに公正で名誉ある姿勢を貫くよう父親を説得してほしいと頼んだ。しかしその努力は無駄だった。一九一八年三月八日、暫定和平協約が締結された。それはルーマニアが奴隷国家になることを宣言したものだった。五つの要点があった。ルーマニアはドブロジャを割譲する。ハンガリーにとって有益な変更をトランシルバニアの国境周辺に設定すること、ルーマニアの石油を九〇年間、オーストリアとハンガリーに渡すこと、農産物は九年間同様にする。軍がラキアに駐留し、その費用はルーマニアが負担し、連合国の代表はルーマニアを直ちに去ること。ルーマニアは王家を維持し、ベッサラビアを併合できる。

カナダ人ボイル大佐との出会い

一九一八年三月九日、王室の人々は連合国の代表を駅に見送りに行った。この時、マリーはカナダの大佐ジョセフ・ボイルに会った。彼は親しい友人になった。

マリーとフェルディナンドは今や完全に孤立していた。王妃はジョージ国王に何通かの電報と手紙を書いたが、みな無駄だった。彼にも手の打ちようがなかった。彼女は末の娘を連れて疎開した。彼女はモルドバで病気の兵士と農民の世話をした。ボイル大佐はそこで合流した。彼の勇敢で強い性格が王妃の大きな支えになった。彼女は「連合国がわれわれを敵の手にゆだねた時、ボイルは私の手をとり私を見捨てはしないと約束した。私と私の国は彼を必要としていた」と書いている。

ジョセフ・ボイルはマリーに会った時、五十一歳になっていた。彼はトロント生まれのカナダ人で、カナダ東部ユーコン川沿いの金鉱のある土地を購入し、金鉱掘りの最先端の機械を導入し、浚渫会社を設立。この事業で大きな財をなす。

第一次世界大戦がはじまり、軍隊に入るには歳をとりすぎていたので、ユーコンの義勇軍グループを組織し、ロンドンに行って義勇軍として参加することを申し出た。彼は東部戦線のロシア軍の前線の背後にあった鉄道が運航できるようロシア軍を援助する使命を得る機会を得た。ロシアでボイルは兵士や物資を前線に首尾よく運搬する仕組みを作った。多くの鉄道が遮断されていたためルーマニア国境に十分な物資を運ぶことができなかったので、ボイルはヤルプーク湖沿いに筏のボートを使ってルーマニアの封鎖されていない鉄道に物資を運ぶルートを開発した。ルーマニアの人々が飢えから免れることができたのはボイルのお蔭だった。

ボイルは、やがてドイツとボルシェヴィキの活動に関する情報を提供する五〇〇人のスパイネットワークを組織した。ブカレストから退避させたルーマニア王家の財宝と外交資料がボルシェヴィキの手に落ち、ボイルはそれを取り戻すよう助力してほしいとルーマニア政府に頼まれたこともあった。彼は何とか財宝と資料を取り戻し、一九一七年十二月に列車でイアシに運びルーマニア政府に引き渡した。

ロシアの水兵による反乱が起きた後、ボイルはロシアとルーマニアの平和条約を仕掛けた。条約を手にしてボイルがイアシの駅に到着した一九一八年三月九日、ちょうどその日の夜、連合国の代表がルーマニアを去るところだった。その時のことを、マリーは「何年かぶりに男らしい男が入ってきた。肥満した男で、強く無作法な様子、ほとんど醜いと言っていいかもしれない……でも深い青い目をして、ある時は猛々しく、ある時は優しく……そして穏やかな笑みを浮かべている」と述懐している。何人かの人々は王妃のお気に入りがスティアビーからボイルに代わったと思ったが、お互いに引かれ合うこと以上に、彼らの間には大きな友情が築かれた。

ドイツ占領下のルーマニアの暮らしは惨めだった。しかしマリーはルーマニアの人々の民族意識を高揚させるため自分ができることは全てした。彼女はイアシ近郊のコトファネシュティの木造の家に疎開していたが相変わらず傷病兵を見舞っていた。彼女とフェルディナンドは政府の意思に反して戦争の犠牲になったルーマニアの兵士のための宗教的な儀式に参列した。

コトファネシュティにはジョセフ・ボイルがしょっちゅう訪れた。彼の寛大さとルーマニアを助けようという能力はマリーを感動させた。彼は子どもたちがミルクを飲めるよう牛を飼った。また、廃墟を買って修繕し、疎開していた三家族に手渡した。彼は八歳になったイリアナにたびたび人生のアドバイスをした。イリアナは生涯そのアドバイスを守った。

一九一八年六月、ベッサラビアでボイルが発作を起こし、右半身が不随になった。マリーは大事な友人を大変心配したが、彼女の立場上、彼の傍に付き添うことはできなかった。その代わりにスティアビーが彼の入院している病院と連絡を取った。

マリーとフェルディナンドがイアシの西ビカズに引っ越した時、彼女はボイルを招待した。ボイルは肉体的な障害から立ち直ろうと決意し、何時間も鏡の前にたって自分の右の筋肉が左半身を真似るようにリハビリをしようとした。マリーは長い時間、友人と過ごした。毎晩、食事を共にした。彼は回復するにつれて、援助と諜報活動を再開した。マリー、ボイル、スティアビーは力を会わせて国王が占領国と交渉しようとするのを阻止しようとした。

その年の夏、ロシア皇帝ニコライ二世と家族がエカテリンブルグでボルシェヴィキに射殺されたという知らせを受けた。村の教会で皇帝を弔うミサが行われた。

マリーは相変わらずドイツに挑戦的だった。マリーは八月、和平協定によってハンガリーに併合されることになっていた村を訪問した。王妃は村に援助物資を持って行き、農民たちに手にキスをさせた。枢軸側占領下のマルギロマン首相は彼女に対し連合国側に対する宣伝活動を行ったとして非難したが、彼女はドイツの占領が永遠には続かないことを期待していると言っただけだった。

カロル王子の駆け落ち脱走

マリーの恋愛をしのぐ家族のスキャンダルが起きた。フェルディナンドとマリーは震え上がった。息子で後継の国王になるべきカロル皇太子が、所属する山岳連隊を脱け出し、恋人ジジ・ランブリーノと駆け落ちしてしまったのだ。一九一八年八月三十一日、カロルはジジ、友人、運転手とイアシを発ち、前線方向に向かったがドイツの警察に見つかってしまう。しかし彼らは拘束される代わりに、ドイツ軍の先導でロシアの黒海沿岸オデッサに着き、そこで九月十八日、結婚を祝うことになる。

マリーはカロルが自分の軍隊の地位を捨てて駆け落ちしたことを結婚の後まで気がつかなかった。彼女はカロルが父親、妹のエリザベス、ジジの兄弟にのみ書き置きしていったことを聞いたが、自分のために一行すら残して行かなかったことに愕然とした。その翌日、彼女はカロルがオデッサで結婚したことを知った。カロルが王族とルーマニア人との結婚を禁じた法律に違反したばかりでなく、ルーマニアの敵国の助けで結婚したのだ。さらに彼は自分の連隊から脱走していた。これは軍律では極刑に値する行為だった。

当時の保守党マルギロマン首相とドイツ傀儡の政党は皇太子が軍隊から直ちに除籍され、王位継承を辞退したものとした。マリーはカロルを非難すると思われていた。ところがマリーはカロルを擁護する決意をしていた。カロルは常々、マリーは彼の最良の友人であり、いつも理解してくれていると言っていたので、今回は彼女が彼を理解しなければならないと感じていた。彼女は少なくとも戦争が終わるまでジジと別れるように頼んだ。そしてその時には愛する女性のところに行ってもよいと約束した。穏やかなフェルディナンドも憤怒に駆られ、カロルを宮殿に連れ戻し、山の上にあるビストリッツァ男子修道院に閉じ込めてしまった。両親と息子が対面した光景は恐ろしかった。フェルディナンドはカロルの謀反を非難した。マリーは個人的な裏切りだと責めた。カロルは大声でジジを擁護したが、結婚は一九一九年一月に取り消された。

ステイアビーはカロルから王位継承権を剥奪しないよう助力した。国王はカロルが軍隊を脱走した件についてのみ二ヶ月半の投獄に処すると言い渡した。カロルは父の決定に納得できず、処罰は自分の評判を貶め、愚か者のように見せることになると言い放った。マリーはカロルに同意せず、過ちは償わなければならないと言った。

マリーはカロルを訪ね結婚を無効にすることを受け入れるよう説得したが、無駄だった。説得役はジョセフ・ボイルに引き継がれ、カロルは悲しかったが、受け入れた。ジジが結婚の無効を知った時、彼女は書類に署名することを拒否したが、結局、結婚は無効にされた。

終戦

一九一八年十一月、枢軸側は連合国の前に崩壊した。イオン・ブラティアーヌは連合国が勝利することを確信すると、アメリカ大使に、一九一六年の条約でルーマニアの領土に関する約束が守られるようウィルソン大統領の個人的な保証が得られるよう圧力をかけ始めた。何日か経って約束を守るとのウィルソンの電報が届いた。そのお礼としてマリーは自署した自分自身の写真を大統領に送った。

オーストリア、ブルガリアとトルコは連合国に降伏したが、ドイツはあきらめなかった。ルーマニアのドイツ軍はこの国をレーニンの手に委ねる動きを見せ、少なくともルーマニアに混乱をもたらそうと軍事的なキャンペーンを始めた。彼らは共産主義者の宣伝の流布を好み、農民に飢餓をもたらそうとした。彼らは国王にルーマニアにとって屈辱的な和平協定の批准を求め、ルーマニアが連合国の手に落ちることを避けようとした。

マリーとスティアビーはフェルディナンドに対し、なすべき最善のことは国民参政権と領土の保全を宣言することだと説得した。マルギロマン首相は十一月六日に辞職し、ブラティアーヌが連合国寄りの内閣に支持されて政権に就いた。一九一八年十一月九日、フェルディナンドは軍の出動を命令し、ドイツに対して二四時間以内にルーマニアを去らなければルーマニアは再びドイツとの戦争状態に入るとの宣言を発表した。

マリーは大いに喜んだが、国王の退位が影を差していた。一九一八年十一月十一日の休戦の日、マリー王妃は多くの人々からお祝いの言葉をもらった。最初にお祝いを述べたのはスティアビーだった。彼女は日記に「今朝、スティアビーが私のところに来て彼がした全てのことに対して礼を言おうとしたら……彼は礼には及ばないと言った。彼はとても謙虚だ。彼の名は歴史に刻まれないかもしれないが、少なくとも私の日記が真実を告げてくれる」と書いている。

十二月一日、フェルディナンドとマリー、子どもたちがブカレストに帰った。マリーは軍隊の上着、毛皮のついた大きなケープを着て町に入った。彼女はアストラカンの毛皮で作られた帽子をかぶっていた。祝賀会の後、国王と王妃は二年ぶりに王宮に帰った。

ドイツはみじめな状態でルーマニアを去った。ルーマニアの農民は、食糧も燃料もなく、飢えて凍えていた。再びルーマニアを助けるためジョセフ・ボイルはパリに行き、そこで連合国の物資援助会議の議長ハーバート・フーバーに会った。フーバーはのちの米大統領である。彼はフーバーがルーマニアに向けて食糧物資を運ぶ三つの輸送隊を送るよう手配した。ボイルは次にロンドンに行きそこで二千五百万ドル分の物資をルーマニアに貸し付ける約束を母国のカナダから取り付けた。彼はマリーの二男ニコラスを連れてゆきイートン校で引き続き勉学できるようにした。

終戦後、フェルディナンドとマリーは忙しい日々を送っていた。フェルディナンドは農民のための土地改革の実施に忙しかったしマリーは傷病兵、寡婦、孤児たちの面倒を見ていた。彼女は今だにカロルの行動に気を揉んでいた。カロルは人前では非社交的で、私生活では怒ってわめき散らしていた。彼はいつか家族や王位を捨てると言っていた。彼は違う愛人や彼の財産が目的のお針子と付き合っていた。フェルディナンドとマリーはジジがブカレストに戻ることを許し、二人は結婚生活を再開した。やがてジジは妊娠し、新しい子を喜ばないジジは堕胎しようとしたが、カロルは父親になることを喜び、彼女に堕胎を許さなかった。

カロル王子の王位離脱

戦争が終わっても、カロル皇太子は未だにジジ・ランブリーノと恋愛関係にあった。彼は王位の継承を辞退し、ジジと結婚して生まれる子どもとともにルーマニアを去ろうと意図していた。マリーはカロルを心変わりさせようと、フェルディナンドとともに、彼を国の政治に参画させようとした。しかし、彼の反応は馬からわざと落ちて自分を怪我させようとすらした。王妃はカロルが無責任で、王室にふさわしい人間ではないことに目をつぶっていた。王妃にとってジジは単なるカロルの過ちにすぎなかった。フェルディナンド国王はカロルに極東を公式訪問するよう命じたが、彼はこれを拒否して、故意に自分の足を折ってしまった。骨折は重く、カロルは自分で父親の命に従えなくしてしまった。

七月末、カロルの連隊はハンガリーの共産党指導者ベラ・クンを攻撃するため移動を開始した。マリーはジョセフ・ボイルを送ってカロルを連れてくるよう頼んだが、カロルはジジと結婚できなければ連隊に参加することはできないと拒否した。しかし、両親は彼の条件を拒否した。カロルは汚ない手段に出た。予めマルギロマンとイオネスクに法的な正当性を相談した上、王位継承権を辞退した。彼はマルギロマンの教えに従って、その書類を手にするや否や父親に送った。

ジョセフ・ボイルはあらゆる手段を尽くしてカロルが王位継承の権利を放棄しないよう説得した。彼は皇太子をハンガリーに訪ねたり、ジジに会ったり、議会の指導者に会ってカロルに対していかなる行動も起こさないよう要請したりした。しかしルーマニアのためにジジと別れるよう説得できたのは若いルーマニアの将校で、カロルの親しい友人だった。だが、ジジの子どもが一九二〇年一月八日に生まれた。カロルは彼女に「間もなく二人で一緒に幸せに暮らせる」という手紙を送った。この次の手紙でカロルは「二人はルーマニアでは結婚できない。二人の関係は終わった」と書いた。子どもはカロルの死んだ弟にちなんでミルテイアと名付けられた。

終戦後のマリー

戦時中、マリーは赤十字の白い制服に身を包み、傷病者を看護する。その傍ら「わが祖国」という本を著し、ロンドンで出版、赤十字への募金を募る。しかし、このことは彼女の戦争遂行に対する貢献の中で目立ったものではなかった。国土の半分がドイツ軍に蹂躙されたとき、マリーは軍事顧問団とともに、ロシアに退却せず、とどまって三角地帯で戦うことを説得した。さらにマリーはロイ・フラーに手紙を書き、軍事的な計画を遂行するために必要な借入金をアメリカで募るための一連の企画を作り上げた。偶然にも、フラーへの書簡を伝達したアメリカ大使館の若い女性館員は、当時戦時長官だったニュートン・D・ベーカー氏から後見されていた人物だった。彼女はパリからワシントンに行き、ベーカー氏とカーター・グラス財務長官とともにローンを調達できるよう講演会の開催を準備してくれた。

マリーは熟年らしい威厳というものに染まることもなく、人生の次の段階に入っていった。彼女は相変わらず艶めかしく美しく芝居じみていた。彼女は大きな派手な振る舞いとまばゆいほどの笑み、特別なドレスに身を包んで生き生きとしたロマンチックな感覚にふけっていた。たとえば、刺繍を施した農民用の普段着とかイブニング用のベールとドレスなど、マリーはけばけばしさが似合う女性だった。戦争が終わり、彼女は国民的なヒロインであり、自分が正しいと思う人格であろうとした。

一九二〇年代、マリーはルーマニアの最も偉大な宣伝役としての経歴を歩みだす。彼女は多くの外国の新聞社に同時に配信されるコラムにさまざまな分野についての自身の考えを執筆するという企てをする。たとえば、男性、結婚、ファッション、美容、そして女性の権利やルーマニアの生活や野心というような硬い分野についても考えを明らかにした。一九二五年、彼女は五十歳を迎えることを題材に「五十歳と向き合って」というタイトルの記事も書いた。

第7章　パリ講和会議

ルーマニアの顔

大戦が終わり、大国はパリ講和会議を開催して、事態を収拾しようとした。ルーマニアの大義は、今はなきオーストリア・ハンガリー帝国とロシア帝国からルーマニア人が居住する領土を確保し、ルーマニア語を話す人々を統一国家にまとめることだった。平和会議のルーマニア外交団は一九一八年、連合国側にベッサラビア、ブコビナ、トランシルバニアをルーマニアに併合することを宣言し、これを公式に認めさせようとした。イオン・ブラティアーヌ首相は一九一九年のパリ講和会議でうまく立ち回ることができなかった。大戦が終了する前に、ルーマニアがドイツと和平協定を締結したことが連合国に対する裏切と見なされたためだ。連合国の首脳はルーマニアの身勝手な主張に腹を立てた。アメリカのウッドロー・ウィルソン大統領は「ブラティアーヌほど愚かで、非理性的で、挑発的な人間を見たことがない」とまで酷評し、会おうともしなかった。講和会議には三三か国が参加したが、重要事項は英米仏伊と日本の五大国の全権で構成された十人委員会で話し合われたが、日本は首脳、閣僚を派遣しなかったため最重要事項は英米仏と伊の四か国の首脳が構成する最高会議で討議された。最高会議は一九一六年にルーマニアが開戦の条件として連合国と結んだ戦後の領土保証を取り決めた条約を承認しなかった。そもそも、連合国側は最初から条約を守る気がなかったのだ。ブラティアーヌは激昂して会議をボイコットし、何もしなかった。ルーマニア駐在のフランス公使はブラティアーヌが和平会議で完全に交渉力を失っていることに気づき、マリーをパリに送ってルーマニアの領土問題で動くよう助言した。

彼女は使命を果たすため細心の注意を払って準備をした。彼女は会議に出席する全ての国の代表に会い、一九一六年の条約を尊重するよう彼らを説得することを決心した。彼女は自分の三人の娘を連れて行く許可をもらった。娘に釣り合う夫を見つけようという意図もあった。

マリーと娘は一九一九年三月一日にパリに向けてブカレスト駅を出発した。駅には閣僚と将軍全員をはじめ、数十人の貴族夫人など、余りに多くの人々が見送りに来たため、マリーはスティアビーと握手することすらできなかった。人々はマリーが神秘的な力を持っているかのように信じ、過分な期待を抱いているようなので、マリーは緊張で身が固くなった。領土問題は国王と王妃が解決できる問題ではなかったが、自分なら成功させることができると言い聞かせながらルーマニアを出発した

マリーは「ルーマニアには顔が必要だ。私がその顔になる」という有名な言葉を口にした。長引く交渉に飽き飽きしていた世界のジャーナリストが、王族の訪問という魔法の話題にはあらがえないだろうという抜け目のない計算もしていた。

一九一九年三月五日、「兵士王妃」のパリ到着は国際メディアの注目を集めた。公式な到着の前にフランスの作家コレットが列車の中でマリー王妃にインタビューした。コレットは翌日、フランスの日刊紙「ル・マタン」紙に記事を書いた。「陰鬱な朝、マリー王妃は朝陽のように登場した。金髪のまばゆさ、ピンクがかった白い肌の輝き、優しいが凛とした眼差しは彼女を幻影に変身させ、言葉を失うほどだ」と恋人に捧げるような記事を掲載した。

パリはマリーを大歓迎した。ジャーナリストや写真家ばかりではなく、一般の人々までもが駅で花束をささげ、歓迎した。「あらゆる人々が私に夢中になり、まるでヒロイン扱いだ。

世界のジャーナリストが私の周りに集まってくる。群衆に笑みを投げると喧騒と混乱が起き、冷静な自制心を失わないよう大変な努力が必要だった。彼らはインタビューし、写真を撮り、新聞は私のことを書く、彼らが私に語るルーマニアに対する空気は決して好ましいものではないが、私に対しては疑いもなく好ましいものだ」とマリーは書いている。

パリに滞在している間、マリーは何度かスティアビーと手紙を交換している。手紙にはパリの交渉についての政治的な助言もあったが、マリーのことを思いながら馬で森を逍遥していることや他愛もない市井の出来事をつづったものも多かった。スティアビーはすべての手紙をフランス語で書いたが、手紙の最後に必ず「i.L.Y.m.m.」と書きそえた。これは「I love you my Marie」を意味している。

仏クレマンソー首相との会談

マリーはヨーロッパで最も美しい王妃で、自分自身、並はずれた女性だと思っていたが、間もなく彼女の素晴らしい社交能力を示す機会がやってきた。マリーがパリを訪問した最大の目的は会議を仕切るフランスのジョルジュ・クレマンソー首相に会うことだった。会談はオルセイ駅近くのクレマンソーの個人事務所で行われた。クレマンソーは、ドイツがブカレストを占領した際、ルーマニアが結んだ和平協定に嫌悪感を露わにした。しかし、彼はマリーを軍隊の栄誉礼で迎えたばかりでなく、自ら玄関の階段を駆け下りてマリーを出迎え、事務所まで先導した。クレマンソーは背が低く、猫背、太い眉で「タイガー（虎）」と呼ばれていた。彼女は彼に好印象をもった。「クレマンソーは年寄りに見えたけれど、見てくれとは違って、頭脳に衰えや硬直したところは微塵もなかった。しかし、クレマンソーにはルーマニアに対し吸血虫のヒルのように、こだわる不満があった。会談中、何度も格闘家のように互いににらみ合う場面があった」と記した。

まず、クレマンソーはルーマニアが一九一八年の連合国と枢軸国の停戦協定締結前に、ドイツと和平交渉したことを責めた。マリーは「当時ルーマニアは完全に枢軸側に包囲されていた。連合国もボルシェビキと交渉していたではないか」と切り返した。

「ルーマニアはライオン・シェア（不当に大きな分け前）を目指してるのではないか」「いいえ、私はライオンのいとこのタイガー（クレマンソーのニックネーム）に会いに来たのです」とウイットで返し、大爆笑になった。クレマンソーを説得できないと見たマリーは「お忙しい首相の時間を無駄にはさせたくない」として暇を告げて立ち上がろうとすると、クレマンソーは「時間は十分あるので、話をもっと聞かせてほしい」と押し留めた。会談は三十分の予定だったが、結局二時間に及んだ。マリーの自己採点は厳しかったが、彼女は見事にルーマニアを弁護し、以来、クレマンソーのルーマニアへの対応は変化を見せる。クレマンソーとの会談の二日後、マリーはフランスの芸術アカデミーにゲストとして招かれる。マリーが当時の芸術運動アールヌーボーのパトロンとして知られていたためだと思われるが、女性がゲストとして招かれること自体珍しかった。マリーは、満席の広間の中央に坐り、会長から歓迎の挨拶を受けた後、フランス語で即興で返礼した。その後、マリーは高名な紳士たちと交歓したが、中でも一世を風靡した哲学者アンリ・ベルクソンの名前を挙げて、名誉なことだったと回顧している。マリーは米新聞に幼少期の自伝を寄稿しているが、幼少期にかいだ匂いにまつわる思い出の記述が多く、「嗅覚は原初的な記憶」とまで述べている。これはベルクソンの記憶をめぐる著作に触れていたことを伺わせる記述である。数か国語を操る語学力とともに、当時の女性としては卓越した知性にクレマンソーならずとも驚嘆したに違いない。ブラティアーヌでさえ、マリーは自分が六週間かけて出来なかったことをパリ到着から、数日間で成し遂げてしまったことを認めている。

マリーの英訪問

イギリスの世論もルーマニアに対して厳しかった。イギリスはルーマニアがドイツと和平協定を結んでいたため連合国との約束を守らなかったと見ていた。イギリスのデビッド・ロイド・ジョージ首相もパリ講和会議の重要なメンバーだった。マリーは昼食をとりながら外務大臣のアルフレッド・バルフォアと会談する機会があった。ブラティアーヌは、ルーマニアの大義に対するイギリスの世論を勝ち取るため、マリーが彼女の母国であるイギリスへの旅行ができるよう話をつけた。パリに着いて一週間もたっていなかったが、イギリスの対ルーマニア感情を緩和することは緊要だった。

マリーはロンドンに着いた際、大きな感情的な高ぶりを感じた。駅ではジョージ国王とマリー王妃が出迎えた。二人はルーマニアが戦中、戦後に被った災難の話に感銘を受けた。イギリスに着いた最初の日にマリーはイートン校留学中のニコラスを訪問している。

彼女は政府の重要メンバーや財界人に会って、彼女の大義への賛同を勝ち取ろうとした。国務大臣のカーソン卿がマリーのための晩餐会を開き、彼女は自分たちの助力になる人々の前で彼女の大義を披歴することができた。出席者の中に、航空、戦争大臣のウィンストン・チャーチルがいた。チャーチルは子どもの頃、マリーと出会い、大きくなったら結婚したいと申し込んだことがあった。チャーチルは心からマリーを支持し、彼女は彼の自分に対する賞讃と支持に感謝した。

ロンドン滞在中、妹のダッキーが一年前に書いた手紙が届いた。ダッキーは家族とともにロシアの革命から逃れフィンランドにいた。マリーはダッキーに物資を送ることにし、ジョージ国王が届くよう請け合ってくれた。

米ウィルソン大統領との会談

パリに戻ったマリーは、アメリカのウッドロー・ウィルソン大統領と会談しようと考えた。まずは講和会議で関係国の復興援助を担当していたアメリカのハーバート・フーバーと会談した。フーバーは大戦中、連合国の物資援助会議の議長を務め、ルーマニアに多大な援助をもたらした。大戦後もその手腕を買われて継続して戦争被災国の食糧支援を司っていた。フーバーは「偉大な人道主義者」と呼ばれ、マリーはパリに戻って真っ先にフーバーと会談した。飢餓からルーマニアを救うカギを握っている人物だったからだ。しかし、のちにアメリカ大統領になるフーバーはルーマニアに対して何ら共感を持たない人物で、会談で成果は得られなかった。

ウィルソン大統領は言ってみれば世界が選んだ平和の調停人だった。そもそもヨーロッパ人ではなく、すべての問題を公平に判断できる完璧な審判として期待される人物で、マリーにとっては最重要人物だった。ウィルソン大統領はブラティアーヌに対しひどい嫌悪感を持ち、ルーマニアの代表団に会う時間も惜しんでいるようだった。それでもマリーはウィルソンに電報を送り時間の都合のよいときにお会いできれば大変嬉しいと伝えた。「早起きなので、午前七時でも構わない」と付け加えた。大統領は夫人とともに一九一九年四月十日八時半にマリーが滞在するホテルを訪れた。マリーには何の成果もなかった。会談で大戦中ルーマニアでのユダヤ人に対する酷い扱いについて討議された。大戦中、ルーマニアはユダヤ人の兵士を、真っ先に最前線に送り、死に追いやったというものだ。これはパリ講和会議で非常に懸念される事項として取り上げられ、ルーマニアについての懸案の一つになった。

ハンガリー共産党政権と大ルーマニアの誕生

マリーがパリに到着して間もない一九一九年三月二十一日、オーストリア・ハンガリー帝国が崩壊した後のハンガリーでは、レーニンの信奉者ベラ・クンのハンガリー共産党が権力を掌握し、共産主義の敵たちの排除を始めた。一週間後にはチェコスロバキアに侵入した。四月十日、クンの部隊はトランシルバニアに進攻し、一〇〇人以上の人々を殺害した。彼らは知事の家族二人の誘拐までした。これはルーマニア人を憤激させた。トランシルバニアは自分たちが併合を望んだ領土だった。しかし、パリ講和会議の最高会議は、ルーマニアがこの地域を占領することに反対した。講和会議の意思に逆らって、ブラティアーヌはルーマニア軍にトランシルバニアへの進出を命じた。ルーマニア軍は、ハンガリー軍を撤退させ、ブダペストから一二〇キロのティサ川まで進出した。その一方、レーニンはベラ・クンへの支持を宣言し、一九一九年四月十八日、ルーマニアに対して宣戦を布告した。まさにボルシェビキの共産革命がヨーロッパに拡大することを予感させる出来事だった。連合国側には、ルーマニアをボルシェビキからの防波堤にしようという認識を芽生えさせ、マリーの工作に弾みをつけることになる。

彼女は講和会議の舞台裏で、熱心に戦争犠牲者の比率がイギリスやフランス、アメリカよりはるかに高いなど、西側諸国はルーマニアに対する負債に報いるべきだと訴えた。フェルディナンド国王からは、ハンガリー共産党政権の誕生で、トランシルバニア情勢が窮迫していることなどから工作を急ぐよう要請があった。マリーはすぐに連合国最高司令官のフランス陸軍フェルディナン・フォッシュ将軍を晩餐に招いた。ハンガリーの共産主義はルーマニアだけでなく、ヨーロッパ全体に対する現実的な脅威であり、ルーマニアを救うことはヨーロッパを救うことになると訴えた。フォッシュ将軍は東ヨーロッパの共産主義に対するルーマニアの立場をすぐに理解し、軍事的な援助を約束した。マリーは連合国の指導者たちを次々に魅了したり、すかしたりしながら、ルーマニアの大義を支持するよう説得を続けた。マリーは記者会見、新聞のインタビューを受けて世論を味方につけた。パリ到着から一か月余り、マリーが四月十七日、パリを去る時、ルーマニアに終始、冷ややかだったウィルソン米大統領を除き、パリ講和会議代表の多くが彼女の大義の味方になっていた。

ブカレストに戻った翌月末、マリーはフェルディナンド国王とともに、トランシルバニアの地に足を踏み入れた。国際社会にブラティアーヌの政策を認めさせる示威行動、またルーマニアのトランシルバニア併合を祝うものだった。国王夫妻は訪れた村々で民族衣装で着飾った数千人の人々に大歓声で迎えられた。マリーはルーマニアの大義が実現した記念すべき日を迎え、満足感に浸った。しかし、連合国の代表たちはこの訪問を、まだ公式に承認されていない国境の侵犯だとして認めなかった。マリーは、農民たちのルーマニアの統治者に対する態度を見てほしいとして、何人かのアメリカ赤十字の人々を招待した。アメリカ人は喜んだが、最高会議はブラティアーヌに対し、ハンガリーへの軍事的な作戦を停止するよう命じた。

最高会議の命令にも拘らず、ルーマニアは撤退を拒否し、ハンガリー国内でも人気が落ちていたベラ・クンは八万五千人の軍隊を投入して、形勢を挽回しようとした。最初、ルーマニア軍は退却を余儀なくさせられたが、一週間も経たないうちにハンガリー軍を破った。クンはウィーンに逃亡し、ルーマニア軍は一九一九年八月にはブダペストを含むハンガリー全土を占領した。ルーマニアの兵士たちはブダペストで徹底した略奪を行い、ブラティアーヌは兵士たちを止めようとしなかった。兵士たちには蛮行を少しだけ正当化する理由があった。彼らはハンガリーを含む枢軸側から同じような略奪に遭い、連合国側からなんら補償を受けていなかったから復讐しただけだというのである。

一九一九年九月二十三日、最高会議はルーマニア軍がブダペストから撤退するまで、ルーマニアに対する完全封鎖を実施するよう命じた。三日後、ブラティアーヌは怒って辞職し、フェルディナンド国王は議会副議長で、トランシルバニア出身のアレクサンドル・ヴァイダ・ヴォイヴォド博士に対して首相を指名するよう命じた。

パリ講和会議は、マリーのカリスマ的な介入の結果、ルーマニアは主導権を取り戻し、首相になったヴォイヴォドは一九一九年十二月九日講和会議で条約に署名した。一九二〇年春の講和会議終了時には、会議前の目標を全て成功裏に達成することができた。最終的に国土を六〇％拡大し、ルーマニア人が居住地域としてきたベッサラビア、ブコビナ、トランシルバニアばかりでなくバナトの一部、クリシャーナ、マラムレシュなど、すべての地方を包含する悲願の「大ルーマニア」を誕生させた。ルーマニアはヨーロッパでフランス、スペイン、ドイツ、ポーランドに次ぐ五番目に広い面積の国になった。しかし、ルーマニアは間もなく新たな問題に直面する。周辺国に共産主義が拡大してきたのだ。恐れたフェルディナンドは農民党に属していたヴォイヴォド首相を解任し、彼の代わりにアヴァレスク将軍を任命した。彼は反共産主義者でルーマニア全土でいかなる共産主義の出現も抑え込むことに自分を捧げた。単独で連合国の戦線を離脱したルーマニアは、講和会議で戦勝国に加えられ、連合国の政治家たちがルーマニアをボルシェヴィキへの防波堤と見なした。

第8章　長男カロルとの確執

母親との別れ

ジョセフ・ボイルのカロル皇太子事件で果たした役割や王妃との近い関係についてルーマニアの政治家の中には憤慨する者も出てきた。カロルが世界旅行に出て二か月経った一九二〇年四月、マリーは政治家たちの動きが不穏なので、ボイルにルーマニアを去るよう告げた。マリーが決断した背景には別の個人的な理由があった。彼女は二人の忠誠と恋慕、つまりジョセフ・ボイルとバルブ・スティアビーの間で心が引き裂かれていたのだ。王妃は「誰かを傷つけることに耐えられない。私は彼ら二人を傷つけつつある」と記している。ボイルは、マリーとスティアビーとの関係を決して理解しようとしなかったが、真実に気づいた時、深く傷ついた。彼はルーマニアを去り、帰ってきたのは一九二一年にただ一度きりだった。マリーとボイルは手紙を交換した。一年後、彼は「貴女には古くからの友人と私と同時に一緒

カロル

にいることはできなかったので、私は去った。あなたの生活に付きまとう影にはなりたくなかった。私に対して負担に思うことは何もありません。だから感謝し、愛しています」と書いた。ジョセフ・ボイルは三年後、一九二三年四月十四日、イギリスのハンプトンヒルで病死し、そこで埋葬された。八月マリーは墓に参り、友人への最後の贈り物として千年前のルーマニアの十字架を捧げた。五〇年後、ボイルの遺体はオンタリオのウッドストックの故郷に戻された。マリーの十字架も一緒だった。

マリーは母親でコーブルクの大公妃に一九一九年、大戦後初めてスイスのチューリヒで会う。大公妃はこれまでと違った。困惑し痩せ衰えていた。彼女の財産はロシアのボルシェビキに全て奪われていた。マリーは「母親を私の腕の中で泣くだけ泣かせてあげたかった。しかし、それは彼女が決して許すことのない無礼なことだった」と書いている。大公妃はマリーに対して無礼で、スティアビーに対してもマリーの欠陥ばかりをあげつらった。大公妃は一年後の一九二〇年十月二十四日に亡くなった。彼女はドイツで埋葬された。ドイツでは裏切り者とされていたマリーは葬儀に列席しなかった。もしそうしたら国際問題になっていたかもしれない。

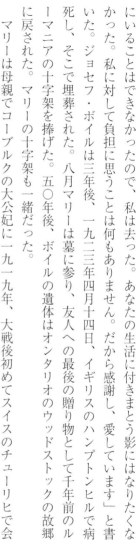

大公妃の死と同じ年、マリーの長女エリザベスがギリシャのコンスタンティン国王とソフィー王妃の長男ゲオルゲ皇太子と婚約した。かれらは一九二一年に結婚した。ゲオルゲはエリザベスを崇拝したが、彼女はそうでなかった。不幸な結婚だった。

フェルディナンドとマリーはカロルの気持ちがジジから離れるよう世界旅行に出した。カロルは世界旅行に追いやられ、それはうまく運んだように見えた。ルーマニアに帰国して間もなく、カロルはギリシャのエレナ・ア・ロムニエイ王女がルーマニアを訪問したときに会った。若く痩身の王女をカロルはすぐに好きになり、彼女にやさしく穏やかに接した。カロルはエレナがすぐに彼を受け入れてくれたと言った。マリーは大喜びだった。息子がついに少なくとも自分の過去を悔い、自分の責任を引き受け、真の皇太子として振る舞うことを確信した。皇太子はジジに自分が王妃と婚約し、申し訳なく思っていると手紙をしたためた。怒ったジジはカロルが五〇〇万フランをかけたモナスチレアの不動産と、息子の称号を要求した。その代わりカロルは彼女にあげた宝石を返すよう求めたが、彼女は拒否した。カロルはゴタゴタに巻き込まれるのを拒否し、息子にも会おうとしなかった。カロルは妹のエリザベスがエレナの兄と結婚した翌月、一九二一年三月十日にエレナと結婚した。カロルの乱行はヨーロッパ中に知れ渡っていた。マリーの願いはカロルが更生することだった。マリーは結婚の一週間前、破滅からの脱出がそのまま続くよう、カロルに宛てて手紙を書いている。

貴方がまっすぐな道に戻るよう満身の力で戦ってきました。
今や、まっすぐな道が貴方の前に広がっています。

一九二五年十月二十五日、皇太子妃エレナは男の子を出産し、一六世紀にワラキア、モルドバ、トランシルバニアを統合したルーマニアの英雄に因んでミハイつまりミハイルと名付けられた。

マリーの二番目の娘ミニヨンは兄と姉にならって間もなく婚約した。ユーゴスラビアの若いアレクサンドル一世国王が花嫁を探していたのだ。彼はセルビアのピーター一世国王とモンテネグロのニコラス国王の娘ゾルカ王妃の息子だった。一九〇九年ピーター国王の長男のジョルジェ皇太子が精神を病んだため、次男のアレクサンドルが王位を継ぐことになった。彼は一九二一年に父を継ぎユーゴスラビア（セルビアがクロアチアとスロベニアを統合し、一九二九年に正式にユーゴスラビア王国と国名変更する）のアレクサンドル一世になった。同じ年、ユーゴスラビアはルーマニアと同盟条約を締結した。
外務大臣でバルカンの統一に熱心なイオネスクは、フェルディナンド国王とマリー王妃に会い、ユーゴスラビアとの同盟を強化するため、ユーゴスラビアのアレクサンドル一世国王をミニヨンの婿にしたらどうかと訴えた。国王と王妃は娘に強要するつもりはないと言ったが、イオネスクは彼女を説得しなければならないと思った。ミニヨンは結婚したくないと言ったが、彼女は可愛く優しい性格で、イオネスクもそのことが判っていた。彼は独りぼっちの若い国王が大きな宮殿に一人で住み、彼には家族をもたらす妻が必要だとミニヨンを説得した。ミニヨンがイオネスクの言葉に動かされたので、アレクサンドルはクリスマスをルーマニア王室と過ごすため招待された。彼はルーマニアに滞在中にミニヨンが結婚を受け入れたことを明らかにした。彼女は一九二二年にユーゴスラビアの王妃になった。三か月後、彼女の姉のエリザベスも夫がギリシャの王位を継ぎ、ゲオルゲ二世国王になり王妃になった。マリーは二人のバルカンの国王の義理の母親になり、同盟を強化したことから「バルカンの母」というニックネームがついたほどだった。マリーが自分の娘や孫娘たちをヨーロッパ中の王室に嫁がせた祖母のヴィクトリア女王に倣ったのは疑いがない。

ギリシャのゲオルゲは一五か月間しか王位にいなかった。一九二四年に軍がクーデターを起こし、彼を追放したからだ。エリザベスは気難しく、我が儘な性格だったのでギリシャの将来ばかりか、国王である夫にも全く関心がなく、結婚生活は幸福ではなかった。結婚生活は一九三五年に離婚で終止符を打った。ゲオルゲ国王は離婚のあとギリシャ国王に返り咲いたが第二次世界大戦でドイツの侵略を受け、一九四一年に再び追放される。

カロルの新恋人

その一方で、カロルとエレナの結婚もうまくいっていなかった。うまく行かなくなったのはミハイルが生まれてからだった。彼女は夫を満足させることができず、カロルは他の女性に快楽を求めるようになる。彼女は夫の火遊びを容認し気位高くしていた。エレナの父で追放された国王コンスタンティンが死ぬと未亡人になった母親と一番下の娘がルーマニアで彼女と住むようになった。彼らの存在は二人の仲をさらに悪くした。

マリーはマリーで、息子の結婚の失敗が深刻であることを理解しようとしなかった。しかし、実際にはマグダ・ルペスクという若いルーマニア女性の存在が明らかになる。彼女は赤毛で、目は緑、白い肌と色っぽい腰つきをしていた。カロルはエレナが身ごもっているさ中、王室出入りの写真師の暗室で、アルバムを見ていてマグダの写真を見つけ、そのなまめかしい脚の虜になってしまったのだ。カロルはマグダにすぐ密会した。マグダの両親はユダヤ人で、父親は薬品事業で成功した資産家だった。マグダはルーマニアの著名な寄宿女学校で学生生活を送った秀才だった。彼女はカロルとは対照的に太って品がなかった。彼女はカロル皇太子が美しい女性に特に弱いと聞くや、彼を虜にしようと心に決めた。そして彼に会うと、罠に陥れた。

一九二五年、マリーが西ヨーロッパの休暇から戻ると、カロルの結婚が深刻な危機に陥っていることがわかった。エレナはカロルとマグダとの関係や、彼がいかにマグダを気づかっているかをマリーに話した。フェルディナンド国王はカロルの愛人がブカレストから姿を消すよう図らった。ところが、何も起きないうちに、マグダは街から忽然と姿を消してしまった。カロルは父親の名代としてアレクサンドラ王妃の葬儀に列席するためイギリスに旅行した。彼はロンドンからパリに行き、そこでマグダと合流して、一緒にイタリアのミラノに旅行に行ってしまった。しかも二人の密会は、カロルの新たなスキャンダルとして、イタリア中の新聞の一面を飾ってしまった。クリスマスの数日前、マリー王妃とエレナ皇太子妃にカロルから手紙が届いた。そこにはルーマニアの王位継承権を公式に辞退すると書かれていた。

一九二五年十二月三十一日、フェルディナンド国王は特別王室会議を招集し、ミハイルが幼少のうちに自分が死んだ場合に備えて摂政会議の設置を提案した。ブラティアーヌはこの会議の構成員を提案した。その中にはニコラス皇子、ルーマニア正教会の総主教、最高裁の判事が入っていた。フェルディナンドの提案は受け入れられ、カロルは正式に継承の系図から外され、王位を継ぐ皇太子の地位に四歳のミハイルがついた。

カロルは父親フェルディナンドには決して近づかなかった。カロルが大人になるまで二人の確執は公然たる断絶だった。しかし、カロルとマリーの間の愛情と共感の深い絆は継続的なものだったが、その関係も悪化しつつあった。最初のいさかいはマリーとスティアビーとの関係に対するカロルの反感であった。不仲はマリーが、カロルの選択した結婚を許さず政略結婚させようとしたことで悪化した。カロルがパリに追放されている間、アメリカ出身のバレエダンサーで、振付師のロイ・フラーがカロルと愛人ルペスクの友人となった。彼らはフーラーとマリーの関係を知らなかった。フラーは当初二人に代わってマリーへの仲介を果たそうとしたが、二人を別れさせようとしたマリーを説得することはできなかった。母子の断絶はすでに決定的なものになっていた。

第9章 アメリカ訪問とフェルディナンドの死

ニューヨーク到着

マリー王妃が最初にアメリカを訪問する意向を示した際、表むきの目的は、専らアメリカ西海岸ワシントン州マリーヒルの博物館の開館式に立ち会うことだった。マリーは大戦により世界最強国にのし上がったアメリカを自分の目で見てみたかったたし、講和会議で成し遂げた外交での自分の姿をアメリカ訪問で再現したかったのだろう。ルーマニア政府は財政上の問題で旅行を承認することに躊躇した。しかし、発足したばかりの国民自由党のアヴェレスク首相は、マリーの訪問によってアメリカからの財政支援が期待できるとして、反対を覆した。旅行費用はアメリカの舞踊家のロイ・フラーの斡旋で、資産家のサム・ヒル氏が面倒を見ることになった。サムは鉄道事業と道路建設事業で巨万の富を築いていた。

ヒルはマリーより二、三歳年上だったがマリーに好意を持っていた。マリーは彼に高い敬意を払っていたが、話しかけるときは、「サム」と呼んでいた。彼には存在感と尊厳があった。肉体的に彼は大きな男で背は百八十センチ余り、体重は百キロ近くあった。彼はいつもフォーマルな服装できちんとしていたが、屋外では軍隊用のつばが広いスローチ・ハットをかぶるのを好み、重苦しい雰囲気を和らげることができた。一九一六年アメリカ鉄道協会の専門家としてロシアの鉄道の支援に入ったとき、母親の親戚に会いに来ていたマリー王妃に出会って以来の友人だった。

一九二六年十月十二日、マリーら一行は、ルビアサン号でシェルブール港を出発した。旅行には息子のニコラス二十三歳と娘のイリアナ十七歳を連れ添った。美しい二人はアメリカの人々を魅了し、マリーの旅行に花を添えるだろうという思惑があった。また随行には特別補佐官のスタリー・ウォッシュバーン、ロイ・フラー、六人の個人的な付添い人、何人かのヨーロッパの貴族たち、それに一〇〇箱の衣装ケースと犬一匹だった。

彼女がニューヨークに着くとウォーレン市長を代表とする歓迎委員会に出迎えられた。彼女は国賓としての招待を受けていなかったが、国務省は訪問を公示し、二十一の礼砲で出迎えた。一行は十月十八日、ニューヨーク南端のバッテリーパークに上陸、二十台の車に分乗して、歩道に人々が群がるブロードウェイを移動し、ビルの窓からはニューヨーカーが歓声を上げながらテレタイプ用のチッカーテープをちぎった歓迎の紙吹雪を降らす中、ニューヨーク市庁舎に向かい、そこで公式の歓迎式典が行われた。
広報的には完璧なタイミングだった。一面を飾るニュースが少なく、美しく血筋の良いヨーロッパ王族の訪問は新聞にとっては神からの贈り物だった。記者にとっては羽目を外すことができる絶好の機会だった。マリーの旅行を派手に取り上げた。マリーは根掘り葉掘り聞きたがる記者たちの質問の嵐を、機知に富んだジョークで受け流した。まるで銀幕の大スターのような振る舞いは、全米の人々を魅了することになる。

ワシントン訪問

マリーら一行はニューヨークでの歓迎式典の後、ペンシルベニア駅から列車で直ちに首都ワシントンに向かった。ワシントン駅では数千人の市民が一行を出迎え、車のパレードがここでも行われた。翌日、一行はクーリッジ大統領夫妻をホワイトハウスに表敬訪問した。最初に出迎えたのは大統領補佐官の一団だった。ヨーロッパ王室の外交儀礼では、国家元首をゲストとして受け入れる際には元首自らが玄関で出迎え、室内に案内することになっているので、無作法な出迎えに面食らった。マリーは日記に「大統領はどこの王族よりも偉そうにふるまった。これが彼らの儀礼なのだろう」と記している。一行は七人の補佐官たちにホワイトハウス内のグリーンルームに案内された。来賓と非公式な会談をするための文字通り緑を基調にした部屋だ。全員が揃ったことが確認されると、バトラー・ライト国務次官が「謹んで、王妃を大統領夫妻にご紹介します」と厳かに口上を述べた。これが人払いの合図になったかのように、補佐官たちは姿を消し、大統領夫妻が現れて、挨拶の場となった。公式の挨拶は四分間、一行がホワイトハウスに入って出るまで、きっかり十三分で終わった。

マリーらはホテルに帰り、晩餐会の支度をした。マリーはフランスのファッションブランド、パトゥの白の薄絹の正装ドレスに身を包み、梨型に形作られた真珠とダイアモンドの飾りがついたティアラを髪につけた。それは母親がイギリスに嫁ぐ際、ロシアから持参したものだった。またマリーはルーマニアで最も高位の青のサッシュ（綬・たすき）をつけていた。

晩餐会でマリーはクーリッジ大統領の隣の席に着いた。ヨーロッパ王族の王妃が大統領の晩餐会に招かれたのは歴史上、マリーが初めてとなった。しかし、大統領はコンソメスープの時ばかりではなく、メインのロブスターの時も沈黙していたため、マリーは取りつく島もなく、周囲のゲストを戸惑わせた。

カルビン・クーリッジ大統領は無口で「サイレント・カル」とのニックネームで呼ばれるほどだった。マリーは晩餐会の衣装として床に達する長さのガウンを着る常識を無視して、膝までの長さのガウンを着用するなど、こうした無邪気なルール違反が保守的なクーリッジ大統領の気に障ったのかも知れない。ファッションのためならルール違反も厭わないマリーらしい逸話である。晩餐会は夜九時にお開きになった。

翌日、マリーはニューヨークに戻った。宿泊先はパークアベニューのアンバサダーホテルだった。マリーを迎えるにあたってアンバサダーホテルは六か月かけて準備し、滞在するホテル四階は家具などは百万ドルをかけて宮殿のようにしつらえられた。アメリカ製の電話機も受話器がガラスでできたフランス製のものに替えられた。滞在中は三〇人の警備員が配置された。ニューヨークに戻って数日間、マリーは昼食会、晩餐会、レセプション、訪問、講演と息つく暇もないほどの日程をこなさなければならなかった。

米大陸横断

大陸横断の旅は回り道が多かった。北アメリカとカナダの多くの主要都市を訪れた。鉄道に影響力を持っている人間が王妃の旅を後援することの宣伝価値をボルティモア・オハイオ鉄道会社（B&O）に売り込み、B&Oもマリーの旅行を最大限、宣伝に利用しようとした。B&Oは一〇両の列車（ルーマニアの御用列車の二倍）を無料で提供し、自社の路線では動力車と客室乗務員を付けた。列車はいくつかの他社路線を走ったが、いずれもが動力車を無料で提供したが、南太平洋とサンタフェでは例外的に支払いを求められたため、王妃の列車はカリフォルニアには行かなかった。

マリー王妃は北米新聞連盟と契約をして連載記事を寄稿した。それらは「私がアメリカに来た理由」から「アメリカの印象」などだった。六つの記事が掲載され、それぞれ二千単語だった。

アメリカ西部の旅は彼女個人に関する限り、成功だった。彼女は魅力的で光り輝いたままでいた。新聞記事の中で彼女はアメリカを訪問した色々な理由としてこの国の人々がどういう暮らしをしているのかを直接、見たいという願望を挙げた。彼女はあらゆる関心事を見ようとした。ロッキー山脈の中のコロラド州のパイクスピーク、フロリダ州の自然公園エヴァーグレイズ、農家、インディアン、洗濯機、馬にも乗りたかった。列車は彼女がロデオを見て、スー族のインデアンたちに受けいれられるまで停車した。彼女は牛飼い、農夫とその妻たちと会話した。

彼女は製鉄所や高層ビル群、大木、有名人の墓など見聞したものについて感想を述べた。特に、アメリカの台所を見たがり、床材のリノリュームの宣伝に出てくる家族が本当に美男美女なのかを知りたがった。

マリーの旅行をめぐってはアメリカのマスコミは相変わらず、旅行の目的をめぐって陰謀論的な記事も含め、様々な憶測を飛ばしていた。彼女のアメリカ訪問に明らかに好意的ではなかった人たちがあげた理由は、他愛の無いものが多かった。ある新聞は旅の本当の目的は娘のイリアナのために金持ちのアメリカ人を見つけることだと書いた。そして何人かの結婚相手の候補者を挙げていた。また、ある労働団体はルーマニアが提携している南ロシアの油田の一部採掘権をアメリカに移転するかわりに、アメリカから財政援助を得るのが目的で、そうすればイギリスの支配を止めることができると断定していた。ニューヨーク・ワールド紙はルーマニアがイギリスとフランスの借款を債務不履行にしたにも拘らず、アメリカで巨額の債券の発行を間もなく発表するだろうと書いた。ミネアポリス市議会の議員は、彼女は国際的な金鉱堀り以外の何者でもない。アメリカを放浪しながら、彼女の貴族的な専制支配を継続するための資金を集めようとしている。他の新聞はマリーの旅行は彼女をハリウッドの映画に売り込みたいという彼女の友人ロイ・フラーにそそのかされた、目立ちたがりの行為であると決めつけていた、そのヘッドラインは「旅行を仕切っているサム・ヒルは映画の代理店?」というようなものだった。

ほかの新聞は論説のなかで厳しい真実はアメリカが最近ルーマニアの接触を拒絶しており、マリーは何かできないか知りたいと思っている。それで彼女の王位を抵当に入れようとしているなどの観測記事を掲載した。新聞は明らかに依頼された博物館の除幕式はカムフラージュだと見なしていた。

マリーヒル博物館

サム・ヒルのマリーヒル博物館は西海岸ワシントン州クリキタト郡のゴールデンデールの近くにあった。そこの友人の中にブルックズ市長がいた。彼は必要なときにはサムのために動く人物だった。十月にブルックズ市長はサムから、マリー王妃が十一月三日に博物館の除幕式に出席するので準備をしておくようにという電報を受け取った。彼は取り乱した。

ニュースは当然ながらゴールデンデールにかなりの興奮を引き起こした。博物館の建設は十二年前に始まったが中断し、未完成の建物は板で囲われ、徐々に荒廃しつつあった。コンクリートの壁には穴が開き、多くの扉や窓は元の位置になかった。水がわき出る泉は雑草が生い茂り、瓦礫だらけになっている場所もあった。それがブルックズ市長が準備をまかされた場所だった。

彼はできるだけのことをした。彼は清掃し、扉や窓を直す職人を入れた。ポートランドに行き、ルーマニアの色を示す大きな旗布を入手し、それを荒廃したように見える裸の未完成の博物館の壁面に張り巡らせた。

マリーヒル駅周辺では鉄道は川に沿って敷かれ、博物館よりずっと下にあった。ワシントンの川辺は単なる砂で、岩はセージ（シソ科多年草）に覆われ、トカゲやガラガラヘビが棲みついていた。

マリーヒルの駅は一九〇七年、サムの義理の父親がスポーケンからポートランドまでの路線の中に建設した。鉄道は一部がコロンビア川の北岸の川面への傾斜に沿って走っていた。サムも建設に関わった。彼は荒れた高原から見えるコロンビア川の素晴らしい光景に感銘を受け、七〇〇〇エーカーもの広大な土地を購入し、その下のほうに自分の娘マリーの名前にちなんでマリーヒルという駅を配置する。彼の友人でベルギーのアルベール一世国王がアメリカを訪問する計画が持ち上がり、一九一四年、彼を楽しませるため広大な土地の一角にフランス風の城の建設に着手した。しかし第一次世界大戦が旅行を妨げたため、建設作業は止まり、未完成の建造物は板でおおわれていた。十二年もの間、ツバメがねぐらにする場所になっていた。

サム・ヒルは城を完成させてアルベール一世国王を歓待する考えを捨てた代りに、作りかけの城を博物館にしようという名案を思いついた。しかも除幕するにあたって、一定の格式と魅力で注目を集め、盛り上げることができる重要人物を探すという彼らしい活気あるアイデアとセットになっていた。彼はヨーロッパに旅立ち、見渡してみた。彼はかつて知ったマリーと出会った。考えは一致し、マリーはアメリカに来てサムの博物館の除幕式に参加することに同意した。サムは博物館が未完成で収蔵物もないことについては告げなかった。もちろん彼は旅行資金を提供することに同意した。それが彼のやり方だった。

王妃の列車は十一月三日の午前七時半、マリーヒルの側線に到着した。寒い朝だった。待機していた記者たちは何か書くことはないかと探していたが、明らかにすべての事態の推移は冗談か何かと思っていた。

案内人が犬を連れて現れた。記者によるとその隣にサムがいて厳かに彼らを迎え、短い挨拶をした。彼はマリーヒルは豊饒な土地、雨、太陽の光が集まる場所であり、こうした特徴を勘案し、科学的な選択をしたと述べ、やがて世界人類の中心になるだろうと言った。

一行は博物館のビルに向かい、マリーは中に招き入れられた。

彼女は博物館の除幕をしなければならなかった。除幕の時、マリーは疲れて、ちょっと不機嫌になっていたが、彼女はサム・ヒルの希望に応え、博物館の除幕式に出席するためにアメリカに来たのだと言った。それ以上の説明はしなかったがそれで十分だったようにみえた。彼女はロイ・フラーとサムをほめそやす感情をほとばしらせたスピーチをした。そして持ってきた博物館の展示物にする贈り物をして、一行はポートランドに向かった。

マリーは旅行を続けていた。その間ルーマニアの政治状況は不安定で、ブラティアーヌとカロル皇太子の支持者の間で対立があるという噂がたった。マリーとカロルとの和解がカロルの王位継承に可能性をもたらしカロル支持者を勢いづかせたからだ。フェルディナンドの健康は優れず、周囲は来るべき王位継承の問題がどうなるか不安を抱いていた。マリーの旅行のルーマニア政府代表のニコラス・ペトレシオ教授には王妃が問題発言をしないよう、記者と接触するのを避けるよう政府から指示が出ていた。王妃がシカゴに到着したとき彼女はバルブ・スティアビーからフェルディナンド国王が重体で、直ちに帰国するよう求めたメッセージを受け取った。彼女は最後の三日間をニューヨークで過ごし、いくつかの行事をこなした。帰国の途に就く前日、マリーはルーマニア友好協会の議長クロムウェル家からアメリカを去るにあたってのお別れのメッセージをラジオで放送した。この中でマリーは「アメリカにいて自分がよそ者と感じたことは一度もなく、人々は私に愛を示してくれた。私のアメリカ訪問はビジネスでも政治のためでもない。先の大戦でアメリカがルーマニアに施してくれたすべてに感謝を捧げるためだった。アメリカの人々が旧世界に心を開くことを願っている。旧世界と新世界は相互に理解し、助け合って生きていかなければならない」と述べ、「さようならアメリカ、美しいアメリカよ」と声を震わせながらメッセージを結んだ。一九二六年の十一月末に帰国に向け出港した。マリーは旅行の予定を切り上げ、夫の元に戻った。

フェルディナンドの死とカロル二世国王の誕生

彼女がブカレストに着くと、フェルディナンド、子どもたち、政府の関係者が駅に出迎えた。フェルディナンドは青白く衰弱しており、歩くことすら困難だった。マリーは悪い知らせが彼の顔に書かれているようだとコメントした。彼女は国王の主治医と話した時、不安が的中していることを確信した。国王は不治の直腸がんが急速に転移していたのだ。彼女は日誌に「三五年間一緒に暮らしてきた。神よ私を独りにしないで。私たちは信頼しあう固い絆の友人で、全く違う性格だったが、すれ違いで終わりうることでも、完全な調和を作り出すことが出きた」と書いた。フェルディナンドは一月の終わりに放射線の治療を受けた。

その間、マリーはパリのカロルから圧力を受けた。手紙で父親との間をとりなしてほしいと訴えてきたのだ。そしてルーマニアを出ることについて、エレナの了解を得ていたことを強調した。しかしエレナはカロルが嘘をついていると、手紙で知らせてきた。

カロルの支持者たちはマリーを訪ね、カロルが今や別人になり、五歳の少年よりも成人の方が王位を継承するのに望ましいと彼女を説得しようとした。マリーは息子への愛と祖国への愛の間で引き裂かれた。ブラティアーヌとスティアビーはともにカロルに反対だった。しかしスティアビーはマリーを愛していたので、自分の意見を控えていた。彼はカロルが国王になったら王国の尊厳を損なうことになると思っていた。息子を助けようとしてマリーは義理の兄弟でカロルが深く信頼していたスペインのインファンテ・アルフォンソにカロルと話してくれるよう依頼した。しかし、会談は失敗だった。アルフォンソはカロルにルーマニアに帰る気はあるかどうか尋ねると、カロルは帰ってもよいが条件があると言った。アルフォンソは驚いて、条件を出すような環境にはない。もし帰国したら王家に大きな損害を与えるだろうと言った。マリーはまたウォルドルフ・アスターにカロルを助けるよう頼んだが、彼は自分の生まれつきの権利を放棄した人物を国王として頂くことは、国にとっても王家にとっても良いことではないと言った。

一九二七年四月初め、フェルディナンド国王は風邪をひいて健康を損ない瀕死の病状だった。国王の不在はムッソリーニの大変な信奉者だったアヴァレスク首相に、ファシストによる軍事独裁を樹立するクーデターを起こす機会を与え、軍への影響力を行使し、秘かに多数の連隊をブカレストに移動させていた。しかし、国王が病床からぎりぎりの警告を発したのを受け、アヴァレスクは辞任に追い込まれた。国王はスティアビーを首相に任命した。一九二七年六月四日の夜、スティアビーは病床の国王に忠誠を誓った。スティアビーは初めて彼の内閣で二つの重要な政党つまり自由党と国家農民党の連立に成功したのだ。しかしこの連立も三週間後に行われた選挙まで長続きしなかった。なぜなら、スティアビーが辞職したからだ。マリーはこう書いている。「バルボーと私は理想や希望をわきに押しやられた気がしてとても悲しかった。しかし私たちは次の機会が来たら再びやり直そう」と約束した。

フェルディナンド国王はイオン・ブラティアーヌに組閣するよう命じた。ブラティアーヌが首相になるのは五回目だった。ブラティアーヌは国王より一歳年上だったが、彼より頑強で健康だった。マリーは夫をシナイアに連れて行った。そこで彼はゆっくりと死に向かっていった。最期が迫った時、マリーは子どもたちを呼んだ。カロルはフェルディナンドが病気になって以降、呼ばれなかった。国王は一九二七年の七月十九日の真夜中に息を引き取った。

翌朝、五歳のミハイルはブカレストに行き、下院議会で国王として宣せられた。そのあとニコラス王子、ルーマニア正教会総主教のミロン・クリスティア、最高裁長官のゲオルゲ・ブッデゥガンが摂政として宣誓した。マリーは儀式には出席せず、シナイアに残った。彼女は夫の遺体の周りを赤い花で飾るよう命じ、彼女は夫の顔に触れた。彼女は後に日記にこう書いている。

彼は高貴で威厳に満ち穏やかな素晴らしい顔をしていた。彼が生前持っていなかった偉大さすら見せていた。彼は内気で穏やかだった。まるで自分のしたことをいつも詫びているように見えた。

ブラティアーヌは葬儀を急いだ。彼はカロルの支持者が邪魔することを恐れたのだ。国王は先王カロル一世が埋葬されたクルテア・デ・アルジェスに葬られた。マリーは「結婚生活の中でいつもあった丘や谷とともに長い間、一緒に過ごした。最終章は永遠に閉じられた」と書いた。彼女はカロルに父親の死を知らせる電報を打った。しかしブラティアーヌは彼が葬儀に出席するのを禁じた。彼は完全に気落ちしてしまった。誰も父の死について彼にお悔やみの言葉をかけなかった。マリーすらそうだった。

フェルディナンドの死後、マリーは気に染まない孤立した生活を始めた。彼女の義理の娘エレナ皇太子妃は少年のミハイルを彼女から遠ざけ自分のギリシャの親族で周りを固めた。それは、ルーマニアの王をギリシャの王に変えることに等しかった。マリーはこれを認めず、少年の前でカロルの名前を言わせないというエレナの命令にも同意しなかった。

カロルの不穏な動き

夫を失った一九二七年、マリー王妃はルーマニアにとどまり、著作をしたり追想録「わが人生の物語」を書いたりしていた。その年の十一月二十四日、マリーは真夜中の二時にブラティアーヌ首相が喉の感染症で重態だという電報を受け取った。彼女は彼の家に駆けつけたが、彼はほとんど話すこともできなかったが、見舞ってくれたことに礼をした。ブラティアーヌは、その朝六時四五分に亡くなった。

摂政はブラティアーヌの弟で財務大臣だったヴィンティラを首相に任命した。ルーマニアの財政状況は微妙だった。ヴィンティラは農民国民党から圧力を受け、他国から財政的な支援を受けようとした。しかし、ルーマニアの深刻な政治状況のせいで、支援を得ることは難しかった。

父親の死後、カロルは母親に接触を絶やさないよう頼み、穏やかな関係を求めた。しかし、その一方で彼とマグダ・ルペスクはマリーを貶めて、ルーマニアでの自分の地位を向上させようと画策し始めた。ルペスクはマリーの恋愛遍歴を描いた回想録を出版した。

フェルディナンドの死から一年もたたないうちに、カロルは初めてのクーデターを企てた。計画はイギリスの酪農家で子爵のシドニー・ハームスワースの支援の下で企てられた。ハームスワースはハンガリーの支援者でトランシルバニアをハンガリーに取り戻そうとしていた。彼はルーマニアを追放されたバルボ・イオネスクと組んで動いていた。イオネスクはカロルがしばらく滞在したことのあるサレーに不動産を持っていた。クーデターは農民のデモ行進が予定されていた一九二八年五月六日に向けて準備された。イギリスで二機の航空機が用意され数千枚のパンフレットが印刷された。そこには彼が反政府活動をしたことや結婚を理由に、ブラティアーヌによって王位継承権を無理やり奪われたと宣伝されていた。しかし、カロルがルーマニアに発つ日、イギリス内務省の二人の係官がカロルに対して両国関係を損なわないため、英国王がカロルの行動を禁じたと告げた。二日後、スコットランドヤードがサレーに滞在していたカロルを訪ね、好ましくない人物としてイギリスから退去するよう告げた。

マリーはカロルの振る舞いをひどく恥じて、ジョージ国王に対して謝罪し、カロルを批判した。カロルは母親が支持しなかったことを責め、イギリスで起きたことはルーマニア政府の陰謀によるものだと主張した。カロルは母親に対して自分を支持しなかったことを悔やむことになるだろうと脅す手紙を送った。

ベッサラビアとトランシルバニアの併合はルーマニアの国民自由党政府の悩みの種だった。ベッサラビアは国民自由党のアヴァレスク将軍の下で圧政に苦しんでいたし、トランシルバニアではアヴァレスクの部下たちがユダヤ人やハンガリー人から略奪を繰り返していた。国民自由党はブラティアーヌと農民の国王として知られたフェルディナンドの下でルーマニアに繁栄をもたらしていたにも拘らず、両地域での圧制は国民自由党の不人気に拍車をかけていた。国王と首相の死から一年後、国民自由党は一九二八年十一月の総選挙で敗北し、農民国家党がユリウ・マニウ党首の下、権力に就いた。マニウは国民自由党による抑圧を止め、両地域の経営に乗りだした。マニウはすでにたびたびマリーを訪ねていた。マリーは国民の信頼が厚かった農民国家党がルーマニアを天国に変身させることが可能だと心底信じていた。

一九二九年十月マニウが首相になって一年、摂政の中でただ一人、際立った存在である最高裁のブズズュガン判事が亡くなり、マニウはマリーにニコラス王子が摂政を去ることだけを条件に、代わりの摂政を任命するよう求めた。彼は摂政に王族二人は必要ないと考えていた。マニウは正しかったが、マリーは王族を減らすことに激昂した。ニコラス王子は摂政として何ら貢献していなかった。マリーは申し出を拒否した。マニウは摂政として人気のないコンスタンティン・サラツィアヌ判事を選択した。しかし抗議の嵐の中、サラツィアヌ判事は辞任し、マニウの人気は世界恐慌も加わって、ひどく損なわれた。マニウは自分の権力を維持するためカロルと接触した。カロルは国民自由党と反目していたので、農民国家党と手を組むのは自然の成り行きだった。それはマリーと政治との関係を断ち切ることを意味した。

しばらくの間、マリーには公式な地位は何もなく、旅行ばかりしていた。一九二九年、彼女と一番若い娘イリアナはスペインを訪問した。スペインの女王ヴィクトリア・ユージニアはマリーのいとこだった。彼女は長男のアストゥリアス王子にイギリス王室がヨーロッパの多くの宮廷に広めた血液の病気、血友病の遺伝子を移してしまっていた。この若く、身体に障碍のある皇太子がイリアナに恋し求婚した。スペイン側は皆喜んだが、マリーはそうでなかった。なぜなら、父親のアルフォンソ一三世国王が女たらしとして知られ、いつかイリアナに言い寄る恐れがあったからだ。マリーには根拠があった。かつて彼女の末の妹のベアトリスが国王の関心を引き、ベアトリスを守るため、スペインを離れなければならないことがあった。この結婚話は間もなく立ち消えになった。しかし、イリアナはがっかりしてしまった。数か月あと、イリアナは二十一歳の誕生パーティーに出席したドイツの小国プレスのレクセル王子と恋に落ちた。レクセル王子は、背が高く金髪で青い目の未成年の王子だった。しかし、マニウ首相はレクセル王子が十八歳の時に同性愛の醜聞に巻き込まれたことがあるのを見つけ婚約を止めたのだ。マリーは娘が立ち直るようエジプトに連れて行った。一九三〇年四月に彼女が帰国するとルーマニアの政治状況は混沌としていた。

カロルの帰国と王位の奪取

カロルはしばらくの間、幸運にも外国勢力の侵略の危機が去り、政治が安定したルーマニアからは距離を置いていた。しかし、一九三〇年までに国は再び危機に瀕する。今回は世界的な経済恐慌の中、高まるファシズムとエリア・マニウ首相の無能さが問題だった。

無能な政府と摂政制の危機は、政治的な不安を引き起こしていた。野党の党首たちは自分たちの提案を持ってマリーを訪ねるが、彼女の懸念をかきたてるだけだった。バルボ・スティアビーはヨーロッパを旅行していたが、彼女には手紙で政治をかき回さないよう求めていた。彼女の孫である国王は完全に赤の他人になっていた。母親が彼を王族の誰からも遠ざけていたからだ。他方、マリーはニコラス王子に大きな心配ごとがあった。摂政の務めを果たす能力がないと言いがかりをつけられ鬱積していたのだ。彼は怒りにかられて自分の執事や周りにいる者に喧嘩を吹っかけたり、侮辱したりした。彼がカロルのクーデターに加わるのではないかという噂が流れていた。

マリーはドイツに行く計画を立てていた。今や入国ができるようになっていた。彼女は母親の墓に参ろうとしていた。一九三〇年六月六日の朝、ウィーン行きの列車に乗った。翌日、彼女がウイーンからミュンヘンに向かっている時、カロルは、自分の時代がやってきたと判断し、一九三〇年六月六日、空路帰国した。マニウがカロルの帰国を手配した一人だった。だがマニウはいくつかの条件を付けていた。彼の息子のミハイルに王位を継続させて、摂政に就くこと。マグダ・ルペスクと別れること、エレナ皇太子妃と和解することなどだった。カロルが受け入れたのでマニウはそのことをニコラス王子に告げ、摂政のサラティアヌに彼の地位を空けるよう命令した。ルーマニアに戻るや、カロルは摂政になる以外の約束を反故にした。彼は直ちに王位に就くことを求めた。マニウは自分はミハイル国王に忠誠を誓っているので、そうなったら辞任しなければならないと言った。結局、彼はカロル二世国王を宣言し、幼いミハイルを皇太子に格下げした。摂政と内閣はカロルが国王になることを容認する決議をした。一九三〇年六月八日、議会はミハイルから王冠を取り上げ、彼の父親にそれを授けた。ルーマニアのカロル二世国王の誕生である。

スティアビーとの別れ

マリーは旅行を取りやめ、直ちにルーマニアに戻った。心の奥底では、彼女は自分の息子が帰国し、王位を取り戻し、王家の将来を担ってくれることで幸せだった。カロル二世国王の誕生はスティアビーとの別れの始まりだった。列車が着くと同時にスティアビーからの手紙を受け取った。彼はもはや、ブカレストを去っていた。

「これを言い出すには勇気が必要だったが、貴方にとっては一番良いことだ」と、暇を告げるものだった。

マリーはスティアビーと幸せを分かち合えないことが残念だった。スティアビーはカロルが王国を破壊すると固く信じていた。彼はマリーとはブカレストで会わないと宣言した。マリーはスティアビーが息子との争いを避けるためだろうと理解した。スティアビーがいないことは、カロルの恨みの犠牲者になりつつあったマリーにとって、やはり不自由なことだった。彼女の家事はたった一人の家政婦が面倒をみることになった。彼女に異を唱えると、もう一人の家政婦がカロルのスパイとして送り込まれてきた。マリーは息子に反対しないで、静かにしていることが最善だと悟った。カロルは、フェルディナンドが彼女に残した金や財産は没収したうえ、シナイア城まで没収した。さらに侮辱的だったのは、愛人のルペスクを連れ帰ったカロルの勝ち誇った姿を、やがて目のあたりにしなければならなかったことだ。

エレナもカロルの復讐の犠牲者になった。彼女はカロルの合法的な妻ではもはやなかった。二か月前に彼女は離婚されていた。明らかに国王はエレナと和解するという約束を守っていなかった。逆に、彼は彼女が生活できないようありとあらゆることをした。彼は彼女の家の周りに警察の警備を敷き、彼女に政治家とのいかなる接触をも禁じたほか、公の行事に出ることも禁じた。ミハイルが母の下にいることは許したが、毎朝ミハイルを自分のところに連れてこさせ、エレナと寝るためだけに家に帰った。カロルは自分は冷酷で残酷な妻の犠牲者だと言い募り、エレナが自分の謝罪を受け入れなかったと述べた。彼は国のためにすべてを犠牲にし、愛する女性から離れ、彼を嫌う冷淡な女性と和解しようとしたと言った。

マリーは息子の態度に激怒したが、彼にはすまないという気持ちもあった。彼はルペスクがいなくてさびしいのだと。しかし、マリーの思い違いだった。カロルは王位に就いた後、マニウとの三つ目の約束も破ってマグダ・ルペスクをブカレストに戻し、王族や政府から隠すようにフォイショール宮殿に彼女を囲ったのだ。マニウはカロルが国王を宣した時、一時的に辞任したが、ルペスクがブカレストにいると知るや決然と辞任した。農民国民党はイオン・ミハラシュを彼の後任として選出したが、彼の高い理想や農民のジャケットをカロルが嫌ったため、ゲオルゲ・ミロネスクに交代した。

王位に就いて以来、カロルは対立する政治家や政党同士を組み合わせることに努めた。彼は閣僚たちを召使に格下げし、彼の周りにはマグダ・ルペスクが選んだヤマ師や成り上がり者を集めた。ブラティアーヌやスティアビーが作った伝統的なしきたりは失われ、貴族制は宮廷から消えつつあった。

カロルの母親との関係は表面的なもので、エレナに対する憎しみは日ごとに高まっていった。カロルは母親にすら前妻エレナとの関係を断ち切るよう言ったが、マリーは拒絶した。マリーはエレナのミハイルに対する対応を認めていなかったが、いまや同情しつつあった。それを知るやカロルと母親との関係はさらに悪化し、母親を常時監視の下に置いた。

それは信じがたい悪夢だった。カロルは最も親しかった妹のイリアナにすら敵意を示した。マリーもかつてない脅威を感じ、イリアナを連れてフランスやドイツに逃避行した。長い間、マリーは母親の常として、カロルの残酷さは本来の姿ではなく、彼の評判の悪い仲間や、宮廷のポストにどん欲な友人や親類に与えたマグダ・ルペスクのせいだと自分に言い聞かせてきた。

その頃、カロルの残酷さの正体が露わになりつつあった。それは偏執であり、異常で危険な権力欲であった。それでもマリーはカロルを完全には否定していなかったし、いつの日か彼が変わり、彼女を国王の母親として遇するという期待を捨てることはなかった。彼女は肝の据わった無駄な希望を抱きながら、孫や乗馬、庭の手入れ、自伝の著作に没頭していた。

一九三一年三月、マリーはイリアナを連れて西欧諸国の旅に出た。エレナを独り残してゆくことに心残りはあったが、カロルのいないところで休みたかった。彼女はパリで病気のバルブ・スティアビーを病院に見舞った。カロルはスティアビーを財政的に破綻させようとしたが、失敗すると、スティアビーがオリエント急行に乗った時に殺害しようとさえした。マリーはロシア革命の後、妹のダッキーがキリル大公とともに亡命生活を送っていたフランス東部のリゾート、サンブリアックを訪ねた。そこでスティアビー夫妻と合流し、何日か過ごした。二人とも、努めて明るく振舞ったが、別れは辛かった。

三女イリアナの結婚

マリーはサンブリアックからドイツのウムリッヒに向かい、そこで、いとこを訪ねていた娘のイリアナと合流した。イリアナはかつてスペインで会ったことのあるオーストリアのアントン大公と見合いをしていた。カロルが出会いを演出していた。イリアナもカロルの復讐の犠牲者だった。イリアナは長兄を好んでいたので、カロルはイリアナがエレナへの対応を支持してくれるものと思っていたが、エレナの側についてしまった。カロルは復讐としてイリアナが好んでいたクリスティア女性協会とガールスカウトの担当を外してしまった。カロルは彼女を外国の王子と結婚させてルーマニアから消し去ろうと決意したのだ。イリアナはルーマニア国民に大変な人気があり、それに嫉妬してイリアナを事実上の国外追放にしたかったことも一因であった。

イリアナがアントンと結婚すると言った時、マリーは心配だった。大公は父方がフランツ・ヨーゼフ皇帝の系統、母方がスペインのブルボン家の流れだったが、彼は貧しくスペインのガス会社に勤めて生計を立てていた。マリーは自分の娘たちは王位をもたなければならないと考えていた。けれどもマリーはイリアナの代わりにカロルと交渉し、彼にアントンとの結婚とルーマニアに住み続ける許可を求めた。カロルは結婚には問題ないが、ハプスブルクの人間がこの国に住むことは容認できないと答えた。

マリーは結婚の準備をするため急いで帰国しようとしたが、カロルは許さなかった。彼女がスティアビーと会ったことにカロルは怒り狂い、この事実で公然と彼女は自分の敵だと言った。マリーは金もなく、どうしたらよいか、どこに行ったらよいか分からなくなった。スティアビーはルーマニア政府が彼女の出費の面倒をみるよう取り計らったが、いまやカロルは、マリーが自分の出費を自分で賄うよう強制した。彼女にはもう金は残っていなかった。そのため彼女はイタリアの友人たちの招待を受け入れ、ローマを訪問することになった。カロルのスティアビーに対する嫌悪は、スティアビーがカロルが王位を放棄したいきさつを完全に知る人物であるということで説明できる。そして彼に関するすべての真実を知る唯一の人物は決して許せない敵なのだ。

やっとマリーはルーマニアへの帰国が許される。間もなく、エレナは国を去る。政府は彼女が国外で生活できるように相当な額が彼女に与えられるよう配慮した。ミハイルは年に二度、彼女を訪問できるようになった。一〇日後、一九三一年七月二十七日、イリアナはアントンとシナイアで結婚した。マリーはお気に入りの娘の結婚の後、神経的に参って寝込んでしまった。

次男ニコラスの追放

カロルは自分の妹を国外に追い出してしまうと、今度は弟に刃を向けた。カロルは弟を国王になるための道具として使っただけだった。しかし、彼は弟の人気に嫉妬していた。そこで彼は誰も自分の邪魔をしないよう決意した。自分を助けた報酬として、カロルはニコラスをルーマニア軍司令官に指名した。ニコラスはルーマニア人の少女ジャンヌ・ドレッティと恋に落ちたが、これはカロルとジジ・ランブリーノとマグダ・ルペスクとの関係と同じだった。ニコラスの関係はルーマニアの法律では禁じられていた。カロルは国王として彼に善処することを約束した。彼には計画があった。もしルーマニアの人々がニコラスとジャンヌの関係を認めるならば、彼らはマグダ・ルペスクを受け入れなければならない。そうでなければ、彼は自分の弟をルーマニアから追放する口実を得ることができる。カロルはニコラスに既成事実を作るよう進言する。ニコラスはそうした。彼は一九三一年十月彼はジャンヌ・ドレッティとともに駆け落ちして、結婚した。彼が帰国すると、カロルは彼の軍での階級と政府の支給を剝奪し、国外に追放した。ニコラスは金を持っていなかったので母親にスティアビーが自分を援助してくれないか助けを求めた。マリーはスティアビーの許しを請い、援助を申し入れるよう依頼した。スティアビーはスイスに住んでいたが、彼の援助を約束した。

マリーは子どもたちや国のため何もできない自分の不甲斐なさを忘れるため、旅行に精を出した。カロルは自分の母親を遠ざけるため旅行を勧めた。彼女はオーストリアのイリアナやユーゴスラビアのミニヨンを訪ねた。彼女はフランスの公式の賓客としてモロッコに招かれた。彼女はお気に入りの妹ダッキーとともに、フランス、ブルターニュのサンブリアックで夏を過ごした。

極右運動とカロル二世国王

一九三三年の秋までカロルは農民国家党の指導者たちに粗暴な圧政やユダヤ人迫害をそそのかしながら党の弱体化を図る。農民国家党が弱体化するにつれてルーマニアに新しい運動、大天使ミカエル軍団が台頭してくる。イタリアとドイツのナチやファシスト運動に呼応した熱狂的な極右運動だった。この軍団は一九三〇年に反共産主義、反ユダヤ主義を主張する鉄衛団というテロ組織となる。この組織の創始者はコルネリウ・ゼリア・コドレアヌという若いルーマニア人だった。彼は自分の見栄えの良さを利用して農民たちが彼に従うよう説得した。彼は自分が聖ミカエルの使いであると信じさせた。彼は禁欲的、熱狂的にヒトラーとムッソリーニを支持し、一九三三年までに鉄衛団は重要な政治勢力となる。

最初、カロルはコドレアヌを自分の利益のために操作できると信じていたので、テロリストを支持した。マリーは、愛国主義に見えるが実は外国のイデオロギーに繰られた国家主義的な扇動者を、国王が支持するのは危険なゲームだと表明していた。

カロルは農民国民党のリーダーがいなくなると、自由党の党首でかつて敵だったイオン・デューカに組閣するよう命じた。デューカとコドレアヌという二人だけ残った権力者と面と向かいながらカロルは二人を破滅させようとしていた。鉄衛団のコドレアヌは、国王のユダヤ人の愛人に怒りの声をあげていた。一九三三年の選挙期間にコドレアヌと鉄衛団は、デューカに対する行動を起こした。デューカ首相はカロルに鉄衛団を違法と宣言する許可を求めた。一九三三年十二月九日、鉄衛団の数人のメンバーが拘束された。コドレアヌは逃げ、三週間後、彼はデューカに対する復讐をする。デューカは鉄道駅で三人の鉄衛団のメンバーに暗殺される。

デューカが暗殺されたとき、マリーはオーストリアのイリアナの家にいた。デューカはマリーの古い友人であり、冥福を祈った。デューカの暗殺の後、カロルはわずかに残っていた威厳まで失ってしまった。政府に残っているただ一人才能のある人物はニコリア・ティツレスク外務大臣だった。国王は彼に組閣するよう依頼した。ティツレスクはカロルの秘書ピウが政府に破壊的な影響を与えているとして彼の解任を条件に受け入れた。

マリーはこれを悦んだ。マリーはこの男を好きになれなかった。しかしマリーは数日後、ティツレスクが一九三四年夏、ソビエト連邦との外交関係を再開したことに激怒した。彼女はヒトラーよりも共産主義者を恐れていた。しかし、一九三四年七月、オーストリアでのナチのクーデターがあり、オーストリアのドルフス首相が暗殺されたあとマリーは、ヒトラーのことを恐ろしい野蛮さだと表現している。同じ年、マリーは自分の自伝「私の回想録」が出版される際、ロンドンに行った。本は批評家、一般大衆から高い評価を得た。マリーは英王室と古い友人であるアスター家を訪問した。イギリスにいる時、彼女は義理の息子であるユーゴスラビアのアレキサンダー国王が十月九日、公式訪問中のフランスのマルセイユでマケドニアのテロリストに暗殺されたというニュースを聞いた。ミニヨンは寡婦となり、十一歳の息子ピーターがユーゴスラビアの国王になった。マリーはベオグラードでのアレキサンダーの葬儀に出席して、ミニヨンを慰めたり、新国王になった孫に助言を与えたりして数日を過ごした。そしてルーマニアに戻った。

マリーは孤独を感じた。スティアビーと最後に会ってから四年が経っていた。彼らは国王に裏切ったと非難する機会を与えないようお互いに会うことを避けていた。たった一つの接触の手段は手紙だった。これとは別にカロルの弟のニコラスが妻のジャンヌ・ドレッティとともに二年の追放の後、帰国した。彼は辛辣な男になっていた。それから数年、マリーは数々の屈辱や死と向き合うことになる。一九三六年の一月、彼女が愛したいとこ、大英帝国のジョージ五世国王が亡くなった。それから数週間後、彼女の妹のダッキーがドイツ南部のアモルバッハで亡くなった。一方、カロルは母親をたびたび辱めた。彼はマリーの六十歳のお祝いを中止し、一九三六年十二月、彼はブカレストの凱旋門の除幕式の際に、彼女の名前を除外した。凱旋門は第一次世界大戦のあと、フェルディナンドとマリーのイアシからの帰還を記念するため建設が始まったものだった。カロルは彼女が旅行するとき荷物を国王宮殿に送り検査を受けるよう命じた。それまで彼女の荷物は税関を自由に通っていた。彼女はエレナ皇太子妃と一緒に国王に対する謀反を企てていると非難された。カロルはマリーへの最後の辱めに打って出る。彼女にルーマニア政府、政治家と直接的な接触を禁じると命じるともに、どのような要求も、カロルに対するゴマスリで宮廷長官に成りあがったウルデローヌを通じなければならないとした。ウルデローヌはいつもマリーに対して不快なことをした。

マリーを襲った病魔

しかしながら、希望の時間は無くなりつつあった。一九三七年三月並外れて健康なマリーが病いの床に伏した。内臓に出血があり、医師は肝硬変によるものと診断した。アルコールをほとんど飲まない女性には珍しい病気だった。それから一か月、マリーが病床にあった一九三七年四月、カロルはマリーのお気に入りで自分の弟のニコラスに襲い掛かり、妻とともに国外に追放した。邪悪な行為の知らせは、マリーをとりわけ激しく打ちのめした。

今回の追放は無期限だった。これはマリーの容態を悪化させた。カロルがためらう中、ミニヨンとイリアナはマリーをみせるためヨーロッパでもっとも高名な医師を連れてきた。その一人はウィーンから来たハンス・エピンゲン博士だった。彼は間もなくナチのユダヤ人囚人の生体実験を行うことになる。マリーは時折、回復したように見えたが、再び倒れ、内臓の出血は続いていた。医師は彼女が回復したときに、イタリアのメラノに連れて行くのが治療には一番良いと言った。二月の中旬、彼女はメラノに行き、何年も前に兄のアルフレッドが息を引き取った同じ療養施設を宿にした。そこで彼女は闘病生活を送る。

その間、カロルは別の危機に直面していた。極右政党の鉄衛団がユダヤ人のマグダ・ルペスクと友人たちをめぐって、カロルを公然と批判したのである。カロルは鉄衛団のコドレアヌと合意しようとしたが失敗だった。逆にコドレアヌは前首相マニウの支持を得てますます激しく国王を攻撃した。

一九三七年の選挙で農民国家党と鉄衛団が多数を占めると、カロルは震え上がってしまった。彼は議会を解散し、選挙で九％しか獲得していないキリスト国民党のオクタビアヌス・ゴガ党首に組閣を要請した。ゴガはユダヤ人の迫害を強めた。ユダヤ人は街路で襲われ、彼らの事業所や自宅が略奪された。英仏が迫害はルーマニア経済に与える影響があるとして抗議すると、カロルは直ちにゴガを罷免した。国王はもはや議会制はルーマニアでは存続できないと決断し、独裁王制を宣言し、正教会のミロン・クリスティア総主教を首相に任命した。

その間、メラノでマリーはカロルが憲法を改正して独裁権を得たことについて「わが祖国では、あらゆるものが腐りつつある」と嘆いた。彼女の滞在中、多くの人々が見舞ったが、その中に息子のニコラスと妻のジャンヌ・ドレッティ、エレナ元王妃、友人のウォルドルフ・アスターらもいた。

マリーの死

一九三八年三月一日、彼女はドレスデンのバイザー・ハイザークリニックのストーナー教授の診断を受けた。この医師はフェルディナンド国王の甥でホーエンツォルレン・シグマリオンの当主フリードリッヒ王子が送った医師だった。ストーナーは、マリーの健康状態に驚いた。彼はマリーをしっかりと診られるようにドレスデンに移すべきだと言った。五月の中ごろ、マリーはドレスデンに担架に乗せられて移った。一旦、バイザー・ハイザークリニックに入ると彼女は心地よく感じたが、少しずつ力を失いつつあった。しかし、彼女は回復の希望を失わなかった。七月中旬、彼女はバルブ・スティアビーに最後の手紙を書いた。

過ぎ去った日々、色々なことがありましたね。愛しい思い出が洪水のように胸に去来します。小さな黄色のクロッカスが咲き、オークの香りがする初夏の森を一緒に馬で駆け抜けましたね。いろいろなことが過去のことになってしまいました。

神があなたを祝福し、お守りしますように。

一九三八年七月十五日、彼女はドレスデンを去った。医師は彼女が飛行機で移動すべきだと言ったが、カロルは運賃が高過ぎるとして拒否した。このためマリーは列車で移動した。山を通る列車の旅はかなり揺れたため、彼女は再び出血し始めた。彼女に付き添ったストーナー医師は二日目、列車を止めるように要求した。しかし停車すると夏の太陽が鉄の客車内を耐えがたい暑さにしたため、彼女は旅行を続けるよう懇願した、マリーは客車が傾いた時の出血でほとんど瀕死の状態でシナイアに到着した。彼女にはカロルとエリザベスが付き添い、孫のミハイルと四人の医師も一緒だった。彼女は好みの娘イリアナに会いたがったが、カロルはマリーがシナイアにいることすら、知らせなかった。カロルは母親の到着後に連絡した。マリーは何度も何度もお気に入りの子どもたちニコラスとイリアナ、マリーの長年の補佐官ツヴィーディネック将軍を呼び寄せようとした。カロルは最後まで残酷だった。マリーの信頼が厚かったツヴィーディネック将軍すら部屋に入るのを許さなかった。そして、マリーが午後五時にこん睡状態に陥るまで自分の弟や妹も呼び寄せなかった。マリーは一九三八年七月十八日の夕方の五時三十八分この世を去った。享年六十二であった。

イリアナと夫はオーストリアから車で駆け付けたが、彼女がシナイアについたとき、マリーは帰らぬ人になっていた。また、追放されてスイスに住んでいたスティアビーがマリーの葬儀に参列するため、帰国許可を求めてきたが、カロルは予想通りこれを許可しなかった。死の二日後の七月二十日、マリーの棺はブカレストに送られ、コトロセニ宮殿の白壁の部屋に安置された。棺の周りには花が飾られ蠟燭が灯された。マリーが名誉隊長を務めていた王室直属の第四騎兵連隊の将校四人が警護に当たった。

カロルはマリーの死後までは復讐できなかった。カロルが止めることができなかったのはマリーの死に対してルーマニアに広がった悲しみだった。マリーは死の直前、黒の喪服を好まなかったため、自分の葬儀には藤色の喪服を着用するよう希望していた。ブカレストの街路は藤色に染まった。王宮に移された棺は大砲の台車に載せられ、ブカレスト交響楽団が演奏するワグナーの「神々の黄昏」に送られて、ブカレスト駅に向かった。葬列はマリーの騎兵連隊が先頭に立ち、赤十字の白服の看護師の一団も従った。葬列の沿道には二五万人の市民が詰めかけ、マリーを見送った。

ブカレスト駅から王墓があるクルテア・デ・アルジェシュ駅に、マリーを送る鉄道の沿線では、農民たちが跪き、祈りを捧げていた。列車は通常は二時間の距離を六時間かけてワラキア平原をゆっくりと進んだ。途中の村々で農民たちが線路に押し寄せ、列車の運行を滞らせたためだ。沿線の駅では群衆が無蓋車に載せられた棺に花を投げ入れようと待っていた。長い間、「ママ王妃」と呼ばれたマリーの棺は花に蔽われ、見えなくなった。

第11章　心臓の彷徨

本書まえがきで、著者がルーマニア取材中、通訳のニコがブラン城で語った短いマリーの物語がマリーとの出会いになったと書いたが、その中で最もショッキングだったのは、マリーの死後、心臓がくりぬかれ、ブラン城に安置されているという事実だった。心臓をくりぬいて別に埋葬する習慣は日本にはなく、聞いたこともなかった。心臓をくりぬいてブラン城に安置するよう、生前に遺言する程、この地への思いがあったのか？　疑問はマリーを調べていく中で、すぐに解消した。遺体と心臓を分割埋葬する習慣・仕法は、古代エジプト以来、各地にある。ルーマニアに近いオーストリア帝国のハプスブルク家では一五世紀末、フリードリヒ三世がウィーンから離れたリンツで死去した際、現地で遺体が公開されたあとウィーンに運ばれた。この際、心臓と内臓はリンツに埋葬されたという。つまり遺体保存の技法がなかったことから始まった習慣だった。その後、内臓の中で、心臓は魂が宿る場所とされ、象徴的な分割埋葬になる。ドイツにも暮らしたマリーにとっては、特別なことではなかったのかも知れない。また、マリーの心臓はニコが話してくれた際には、ブラン城にはなく、ブカレストの国立歴史博物館に安置されていたのだ。著者の無知と誤解がきっかけになって、マリーの生涯に引き込まれることになったわけだ。最後に「マリーへの関心の起点に戻って」、マリーの心臓が彷徨った道をたどってみる。

マリーの死後二日、彼女の遺体はブカレストに運ばれ、コトセニ宮殿で三日間にわたって公開された。工場労働者らも、愛する「ママ王妃」に最後の別れを告げるため訪れた。彼女の遺体はクルテア・デ・アルジェシュに行きルーマニアの王墓に埋葬された。彼女は遺言を残し、「心臓をくりぬきルーマニアの記章とともに黄金の宝石箱に入れて、バルチックの宮殿に安置して欲しい」と求めていた。

バルチックは黒海沿岸のリゾート地で、今はブルガリアの領内にある。ルーマニアが第一次世界大戦のあと、自国領とした。マリーは息子のカロルが二世国王になった後、政治の場から離れる。カロルの仕打ちに落胆の日々を送ったマリーはこの時期、黒海を望む風光明媚なこの地にほれ込み、夏の離宮、バルチック宮殿の建築に取り掛かる。建設は一九二四年に始まり一九二七年に完成したが、植物園や礼拝堂の完成までにはマリーの死が近づいた一九三六年までかかった。建築家としてイタリアの天才建築家アメリゴとアウグスティノ、庭園の設計にはスイスの園芸師ジュール・ジャニーが担当。オリエンタルなデザインが採用された。完成した宮殿はマルタのサン・アントニオ宮殿を彷彿とさせる佇まいである。マリーが過ごしたリビングルームや寝室、浴室には彼女が好んだ身の回りの品や家具が置かれ、今も当時のまま公開されている、室内調度を好んだマリーの集大成の装飾だった。

宮殿より有名なのは植物園である。植物園は数か所あり、マリーは一つには「ゲッセマネ（キリストが捕らえられた苦難の地）庭園」もう一つは「神の庭園」と名付けた。庭園には二〇〇〇種の植物が植栽され、彫刻、滝、世界から集めた芸術作品が配置された。広大な敷地の中で目を引くのは「水の礼拝堂」である。黒海を望むプールを円柱で囲んだ屋根のない建造物。マリーはことあるごとにここを訪れ、時にはプールに映る星々を眺めていたという。

マリーは一九三八年七月十八日、シナイアのペレシュ城で生涯をとじ、クルテア・デ・アルジェシュ聖堂の王立墓地の夫の隣に埋葬された。彼女の遺志により心臓はバルチック宮殿の礼拝堂に安置される。マリーがこの地を心臓の安住の地に選んだのは、バルチック宮殿に対する思い入れとともに、息子との苛烈な確執から少しでも遠く逃れようとしたためかも知れない。

一九四〇年、クライオバ条約によってバルチックと南部ドブロジャがブルガリアに返還され、マリーの心臓はブラン城に移管される。この際、バルチックからブラン城に心臓の入った箱を運んだのはマリーの補佐官ツヴィーディネック将軍である。マリーの最後の恋人だとする見方もある人物だ。城は、ストーカーの小説ドラキュラのモデルになったヴラド公の城として知られる。第一次大戦後、ルーマニアの領土となったブラショフ議会が満場一致で、城をマリーに捧げる決議を行った。マリーにとって城は、アールヌーボーの調度を整えるなどして夏の離宮に改装したお気に入りだった。しかし、心臓の安置場所になったのは一九四〇年以降だが、一九六九年、共産党の党員が彼女のカノプス（心臓のはいった容器）を冒瀆したため、カノプスは、ブカレストに運ばれ、四五年にわたって国立歴史博物館に展示されていた。

マリーの話を聞いて二十数年後、マリーの遺体の心臓は銀器に納められ、シナイアの夏の離宮に戻ったというニュースを英ガーディアン紙で知った。二〇一五年九月十五日付の記事だった。

再埋葬は、マリーのひ孫でカロル二世とギリシャのエレナ王女の間に生まれたミハイルの娘が「マリーの心臓をシナイアのペリシュ宮殿に安置して欲しい」と訴えたのがきっかけだった。二〇一五年十一月三日、ミハイルの娘たち、マリーの娘イリアナの子孫らが見守る中、軍楽隊も参加して歴史博物館で式典が行われた後、銀器はペリシュ宮殿に運ばれ、マリーが息を引き取った黄金の間の壁の台座に安置された。

イギリス生まれのルーマニア王妃マリーの心臓は最後の鼓動を打ったカルパチア山脈のふもとのペリシュ宮殿に里帰りし、八〇年余りの長い旅に終止符を打った。マリーが宮殿に戻りたかったかどうかはわからない。

最後にマリーのルーマニア時代、最も近くにいた二人の人物のその後を紹介しておきたい。マリーが死を迎えた一九三八年は、東ヨーロッパは、歴史の転換点を迎えていた。ヒトラーはバルカン協商を破り、チェコスロバキアの四つの地域のうち三つを接収した。間もなく、ルーマニアはファシスト鉄衛団の手におちた。カロル二世国王はヒトラーに強制され、ベッサラビアと北ブコビナをロシアに、トランシルバニアをハンガリーに、南ドブロジャをブルガリアに与え、マリーが後半生を捧げた大ルーマニアの大義を裏切る形になった。一九四〇年九月、カロルは鉄衛団によって王座を追われ、ポルトガルに亡命した。そこで、マグダ・ルペスクと結婚。ルーマニアに戻ることなく、一九五三年に死去した。カロルはブカレストを去る際、王宮の宝物を持ち出し、ポルトガルでそれを売りさばきながら、余生を裕福に過ごしたという。マリーが懸念した通り、カロルは王位を失った。カロル自身はルーマニアを顧みることはなかった。

カロルのポルトガル亡命を待つかのようにルーマニアに帰国したのが、スティアビーだ。スティアビーは独裁制を敷いていたアントネスク将軍がナチスを支持する政策を認めず、私財を投げうって、トランシルバニアのユダヤ人の救援活動に当たるなどしていた。また彼は第二次大戦中、ルーマニアが枢軸に参加する中、イギリスに設置された反枢軸作戦を支援する特殊作戦執行部（ＳＯＥ）の支援、接触を絶やさなかった。枢軸側の敗色が濃くなり、ルーマニアが第一次大戦後、マリーの尽力で獲得したトランシルバニアが、終戦後、連合国によって再分割される恐れが出てきた時、スティアビー自ら、休戦特使の肩書を負ってカイロに赴く。そこで英、米、ソ連の代表と和平条件を交渉、ルーマニアの失地を最小限に抑えることに成功する。このとき彼は七十歳を超えていた。戦後最初の首相に推薦されるが、占領国としてルーマニアを事実上支配していたソ連の反対で実現しなかった。スティアビーは一九四六年三月二十四日、マリーと同じ肝臓がんでこの世を去った。

スティアビーが身の危険も顧みず果たそうとしたのは、ルーマニアの大義、トランシルバニアを守ることだった。交渉でマリーの生前の面影がスティアビーの背中を押したことは想像に難くない。マリーとスティアビーの二〇世紀初頭の出会いは、ルーマニアにとって奇跡ともいうべきことだった。この出会いとスティアビーの捨て身の交渉がなければ、現代まで続く「大ルーマニア」の姿はなかったに違いない。

スティアビーが今に残した遺産がもう一つある。彼がワラキア平原に所有していた数百タールの農地は共産主義政権が成立すると、すべて接収されたが、一九八九年チャウシェスク政権が崩壊したあと、フランス亡命中の孫娘が農地の返還訴訟を起こした。その結果、二〇〇一年にブドウ園二〇ヘクタールが返還された。そのブドウ園からは、今ではビンテージワインのブドウを収穫、かつてはオリエント急行の食堂車のワインリストに載ったワインを醸造再現するまでになった。エチケット名は「プリンス・スティアビー」。彼が丹精込めたテロワールのワインが現代に復活しているのだ。

数百万の貧しく、字も読めないルーマニアの農民にとってマリーは、金髪に青い目の華麗な雰囲気をまとったおとぎ話に出てくる通りの美貌のお姫様だった。それだけなら、マリーはスキャンダルにまみれたルーマニア王室の王妃で終わったかも知れない。マリーは美貌だけではなく数か国語を操る知性、社交、交渉術とともに、ヴィクトリア女王譲りの生まれつきの指導力など、自分の姿に有頂天になりながら、それを隠すことなく人々に分け入り、国内では王室に対する忠誠を醸成し、国論をまとめ、外交面では大国首脳にルーマニアの大義を論じたて、大ルーマニアを実現する。その振る舞いには舌を巻かざるを得ない。

戦後、チャウシェスク独裁の崩壊まで続いた共産党一党支配下、マリーが大ルーマニアの実現に果たした役割は語られることもなく、意図的に隠されてもきただろう。そのルーマニアでも歴史を見直す動きが出てきているようだ。私が触れることができたのは、ほんの表層だが、本書により、日本では全く知られなかった稀代の王妃に光が当たるきっかけになれば望外の喜びである。

本書の発刊に当たり、私のマリーに対する関心を活字化すべきだと終始、励ましてくれた現役時代の同僚宮崎経生氏、貴重なご助言を頂いた元NHK出版の上野健夫氏にこの場を借りて感謝申し上げたい。そして、厳しい出版環境の中、本邦では「未知」のマリー王妃の話を世に出す決断をして頂いた発行人の飯島徹氏とともに、いつも適切な助言をたまわった編集部の伊藤伸恵氏には感謝のほかない。

参考文献

"The Last Romantic" by Hannah Pakula, 1984
"Later Chapter of my Life" by Diana Mandache, 2004
"Mamma Regina" by Brenda Ralph Lewis, Royal Monthly Magazine June 1989
"The story of my life" by Marie, Queen of Romania, The Saturday Evening Post 1933
"My Life as Crown Princess" by Marie, Queen of Romania, The Saturday Evening Post 1934
"Romania's Soldier Queen" by William T. Ellis, The Century Magazine 1918
"A Romania Queen in the West" by Henry L. Clay, Frontier Times 1968
"Victoria's Grandchildren QUEEN MARIE OF ROMANIA MAMMA REGINA" by Brenda Ralph Lewis, Royalty Monthly Magazine 1989
"Princess Marie of Romania – her Letters from the Balkan War" By Sorin Cristescu, Universitatea "Spiru Haret" Bucharest, Romania
"The people of Bucharest and the bombings of 1916" by Ana Maria Schiopu, 2018
"The Importance of Queen Marie in Romanian History" by Paul Quinlan, Balkan Studies 1991
「バルカン史」恒文社　C&B・ジェラヴィチ　木戸蓊監修　野原美代子訳
「ルーマニア史」白水社　ジョルジュ・カステラン　萩原直 訳
「明治宮廷外交の沿革：明治二年の英国王子来朝を起点として」慶應大学邦楽研究会　一九七七

写真協力

Queen Marie Gallery by Tom Kinter 2016

わだ　いくお

1947年生まれ。1971年一橋大学卒業、NHK入局。社会部、外信部、ニューヨーク、ベルリン支局長、国際放送局ニュース部長、総合企画室担当局長を歴任。その傍らIBC（国際放送機構）評議員。2007年退職。
「壁崩壊後の世界」（NHK 出版）共著。

ルーマニア王妃マリー

二〇二一年十二月　十　日印刷
二〇二一年十二月二十日発行

著者　和田郁夫
発行者　飯島徹
発行所　未知谷
東京都千代田区神田猿楽町二-五-九
〒一〇一-〇〇六四
Tel.03-5281-3751／Fax.03-5281-3752
［振替］00130-4-653627

組版　柏木薫
印刷　モリモト印刷
製本　牧製本

Publisher Michitani Co. Ltd., Tokyo
ISBN978-4-89642-655-7　C0098